CARLO MARIA MARTINI

HÖREN, WAS DER LEIB UNS SAGT

Carlo Maria Martini

Hören, was der Leib uns sagt

VERLAG NEUE STADT
MÜNCHEN · ZÜRICH · WIEN

Ein Buch aus der Reihe:
Hilfen zum christlichen Leben

Titel der Originalausgabe: *Sul corpo*

Übersetzung aus dem Italienischen:
Stefan Liesenfeld

Die Deutsche Bibliothek – CIP-Einheitsaufnahme
Ein Titeldatensatz für diese Publikation ist bei
Der Deutschen Bibliothek erhältlich.

2000, 1. Auflage

Umschlaggestaltung und Satz: Neue-Stadt-Graphik
Druck: Freiburger Graphische Betriebe, Freiburg i. Br.
ISBN 3-87996-522-6

Gliederung

Vorwort

Nachdem ich den 20. Jahrestag meiner Ernennung zum Erzbischof von Mailand begangen habe und nun den 73. Geburtstag feiere, lege ich dieses Buch vor. Im Februar 1998 begann ich daran zu arbeiten. Ich meinte damals, in meinem recht vorgerückten Alter auf eine hinreichend lange Erfahrung zurückblicken zu können, um einige Gedanken zu dem wichtigen Thema Leiblichkeit zu Papier zu bringen.

Dass sich das Schreiben bis heute hingezogen hat, hängt mit der Vielzahl pastoraler Verpflichtungen zusammen, es liegt aber auch daran, dass man mit dem Nachdenken über bestimmte Themen nie an ein Ende kommt.

Bei der Ausarbeitung wurde mir bewusst, wie wenig ich eigentlich sagen kann, wie viel zu ergänzen und weiter zu klären wäre. Die Reflexionen und Beiträge von Fachleuten und Freunden haben mir viel gegeben, doch zu einer umfassenderen Darlegung ist noch ein weiter Weg.

Ich möchte also versuchen, etwas über den Leib zu sagen, der ein so vielschichtiges Ganzes, eine so komplexe Wirklichkeit ist. Irgendwie betrifft alles, was mit uns zu tun hat, unseren Leib, es geschieht im Leib und im Zusammenhang mit ihm. Über den Leib sind viele verschiedene Theorien im Umlauf, unterschiedliche Auffassungen stehen gegeneinander, mancherlei Kontroversen entzünden sich an ihm.

Welche Bedeutung liegt darin, dass wir einen Leib haben, dass wir lebendiger, denkender Leib sind? Was hat unsere Zeit an Neuem über den Leib zu sagen, über das, was mit ihm geschieht, und über das, was in ihm vorgeht? In welcher Beziehung steht der Leib zum Leben des „Geistes", zum Leben nach dem Tod?

Es sind viele Fragen, die in mir aufsteigen und denen ich nachgehen möchte. Nicht um auf alle eine Antwort zu geben, sondern um einige Gedanken zu äußern, wie man es bei einem Jubiläum, bei einem Geburtstag zu tun pflegt: In der Rückschau fließen Gedanken und Erinnerungen zusammen, und manchmal fügen sie sich zu einem Ganzen zusammen, aus dem ein Funke Weisheit spricht.

Was den Stil und das Genre betrifft, habe ich die Form von stichpunktartigen Anmerkungen und Aphorismen gewählt. Es ist keine systematische Abhandlung, schon gar nicht handelt es sich um lehrhafte Erklärungen. Es sind kurze Gedanken zu verschiedenen Themen: zu Gesundheit und Krankheit, zum Körperkult, zur Geschlechtlichkeit, zum sakramentalen Weg des menschlichen Leibes und zu seiner Zukunft – Gedanken, die als Denkanstöße gedacht sind.

Wer eine umfassendere Darlegung sucht, mag Katechismen oder (moral-)theologische Abhandlungen zu Rate ziehen. Mein Anliegen ist bescheidener: einzuladen zum befreienden Nachdenken über den Leib.

Zum Schreiben drängt mich wie ein „inneres Feuer" ein Wort des Apostels Paulus – ein Wort, das zugleich mahnt und tröstet: „Der Leib ist nicht für die Unzucht da, sondern für den Herrn, und der Herr für den Leib" (1 Kor 6,13).

+ Carlo Maria Martini
10. Februar 2000

Gesundheit und Krankheit

Wenn der Mensch lernt, eine Sicht der irdischen Güter zu überwinden, die in sich verschlossen und vom Haben-Wollen geprägt ist, dann lernt er auch, über ihr Schwinden und Vergehen hinaus zu glauben und zu hoffen. Das gilt auch für das Gut der Gesundheit.

Die Aufmerksamkeit, die man im antiken Griechenland dem Körper schenkte, war ästhetisch motiviert; es ging um das Genießen des schönen Körpers. Im antiken Rom war die Pflege des Körpers ein Vergnügen, das Wenigen vorbehalten war. Heute ist das anders: Um den Körper besorgt zu sein ist ein Massenphänomen geworden.

Ein gesunder Körper um jeden Preis

Was tut man heutzutage nicht alles für das körperliche Wohlbefinden! Man könnte geradezu von einer Art „Körperbesessenheit" sprechen.

Gehe ich durch die Straßen, fühle ich mich von großen Werbeplakaten ins Visier genommen, die mir „Wohlbefinden" versprechen. Drogerien und Apotheken bieten alle möglichen Produkte an zur Verbesserung des Aussehens, zur Steigerung der Leistungsfähigkeit, zur Wiedererlangung jugendlicher Frische. An den Kiosken bekommt man Fachzeitschriften für Gesundheit, Fitness und für die „Linie". Immer neue Fitness- und Beauty-Centers entstehen, „Schönheitsfarmen", „Sonnen-Inseln", Relax- und Wellness-Centers, manchmal auch verknüpft mit Meditationsangeboten. Die Sportgeschäfte verfügen über ein reiches Sortiment an Spezialequipment fürs Joggen und jede andere Sportart; man bekommt die ultimative Bekleidung und teure Ausrüstungen für die unterschiedlichsten Arten von Gymnastik. Denn das alles *„tut gut"*.

Körperkult

Die Anstrengungen für die Gesundheit und ein gutes Aussehen gleichen einem regelrechten Kult. Hingebungsvoll nimmt man die dazugehörige Askese und Opfer auf sich. Man tut alles Erdenkliche, wenn es nur dazu dient, einen schönen, gesunden, unverwundbaren Körper zu bekommen. Man fügt sich sogar selber Schaden zu – um der Gesundheit willen!

Ein Vers aus dem Buch Jesus Sirach kommt mir in den Sinn: „Kein Reichtum geht über den Reichtum gesunder Glieder ..." Weiter aber heißt es: „... kein Gut geht über die Freude des Herzens" (Sir 30,16). Eine wichtige Weiterführung!

Gesundheit und Heil

Der Körper steht mehr denn je im Zentrum des Interesses, fast wie ein Objekt der Verehrung.

Wahrscheinlich ist diese Entwicklung eine Reaktion darauf, dass der Körper in der Vergangenheit unterbewertet wurde (wobei wir nicht wissen, was in den Köpfen und Herzen unserer Vorfahren vorging!). Jedenfalls ist es zu einer Engführung gekommen: Gesundheit und In-Form-Sein werden so verabsolutiert, dass sie mit „Heil" gleichgesetzt bzw. verwechselt werden.

Während in früheren Epochen der Begriff „Gesundheit" vorwiegend oder zumindest auch die „Gesundheit der Seele" meinte – das lateinische Wort *salus* bedeutet sowohl Gesundheit wie Heil –, wird Gesundheit heute mit physischem Wohlergehen gleichgesetzt. Man spricht davon voller Sehnsucht und Ängsten, wie wenn es um Heil oder Unheil ginge.

„Wallfahrtsorte" der Gesundheit

Was geschieht, wenn ich feststelle, dass ich mein Wohlbefinden, meine gute Form verliere?

Mich packt die Furcht, wie beim Verlust eines Guts, das ich für unbedingt notwendig halte. Und ich wende mich an die dafür geschaffenen „heiligen Stätten" mit ihren heiligen Riten, um meine Gesundheit, Schönheit, Kraft und Jugend wiederzuerlangen.

Diese Orte haben ihre sakralen Gewänder, ihre

weißen Kittel, ihre „Prozessionen", den „Primarius", den Chefarzt mit seinen Assistentinnen und Assistenten, ihre Liturgien, ihre Geheimsprache, ihre Vorschriften und Verbote.

Und über all dies wundere ich mich gar nicht sonderlich. Ich bin froh über die Vorteile, hoffe auf Erfolg. Doch ich frage mich: Welches Menschenbild, welche Vorstellung vom menschlichen Leib steckt eigentlich dahinter?

Allmacht der Technologie

Nach dauerhaftem Wohlergehen, das mit einem Gefühl der Befriedigung einhergeht, haben sich Männer und Frauen immer schon und zu Recht gesehnt. In der gegenwärtigen Epoche scheint es griffbereit verfügbar zu sein.

Zu allen Zeiten hat es ein spontanes, natürliches Verlangen danach gegeben, dass es einem gut geht. Heute geben wir uns oft dem Glauben hin, alle dazu erforderlichen Mittel in der Hand zu haben. Tatsächlich verfügen wir über eine Vielzahl raffinierter Apparate und Methoden, um die physische Gesundheit zu kontrollieren, zu erhalten und gegebenenfalls wiederzuerlangen.

Die Macht heutiger Mittel wird manchmal als technologische Allmacht empfunden: Unwillkürlich reagiert man irritiert, ja man kann es gar nicht fassen, wenn ein Arzt nicht die richtigen Heilmittel findet, wenn ein Chirurg keine vollständige Genesung versprechen kann. Man ist überzeugt: Das kann doch nicht sein, dass es da kein Mittel geben soll! Wenn nicht hier, dann vielleicht in Frankreich, in der Schweiz, in den USA oder in Australien ... Irgendwo muss es doch die entsprechenden Medikamente, die lebensrettende Operation geben! Und wenn nicht jetzt, dann sicher morgen: Es ist nur eine Frage der Zeit! Vielleicht muss man noch ein wenig warten, bis die medizinische Forschung und Technik so weit sind! Nur durchhalten: Dann wird man überleben! – So denkt „man".

Der Körper tritt aus dem Schweigen

In der Gesundheit schweigt der Körper. Aus dem Schweigen tritt er, wenn man erkrankt, wenn sich ein physischer Schmerz meldet.

Ans Bett gefesselt, spüre ich, wie mir die Zeit davonläuft. Projekte, an denen ich gerade arbeite, zerschlagen sich. Ich fühle mich eingeengt, spüre auch die räumlichen Grenzen: Ich kann mich nicht bewegen, kann nicht treffen, wen ich will.

Die Krankheit ist nicht nur ein „Lärmen der

Organe", wie jemand sie einmal charakterisiert hat. Sie ist auch ein Gedankenlärm: Alles Mögliche kommt mir in den Sinn, Quälendes, Bedrängendes. Für niemand bin ich nütze, ich kann nicht arbeiten, ich fürchte, anderen zur Last zu fallen, ich sträube mich, mich bedienen und mir helfen zu lassen.

Manchmal packt mich die Angst vor der Zukunft, die ich nur vage und verschwommen vor mir sehe. In manchen Momenten habe ich den Eindruck, nicht die erforderliche Behandlung zu bekommen. Einsamkeit, physische Schmerzen, Reizbarkeit, Enttäuschung, die Schwierigkeit, mich mitzuteilen – all das lastet auf mir, rührt mich auf, konfrontiert mich mit einem neuen, bislang nicht gekannten Bild meiner selbst.

Der spontane, positive Lebensfluss ist gebremst; ich bin blockiert. Ich bin versucht, keinem mehr zu vertrauen. Auch nicht mir selbst.

Ort der Spaltung

Die Krankheit führt zum Wesentlichen. Sie enthüllt eine Wurzel des Bösen, die mir allen Mut nimmt. Sie fordert mich heraus, das, wofür ich gelebt habe und lebe, neu in den Blick zu nehmen und zu überdenken.

Solange der Körper wohlauf ist, hat er es nicht nötig, interpretiert, gedeutet zu werden.

Die Krankheit kann zur Klägerin werden; sie fragt nach der Schuld: Was habe ich denn Böses getan? Warum trifft das ausgerechnet mich? So wird sie zum Ort der Spaltung, zu etwas „Dia-Bolischem", sie bringt durcheinander und auseinander. Und wenn ich keinen Sinn darin erkenne, kann sie mich zerstören.

Mit Schmerz und Krankheit zu leben ist immer schwierig. Doppelt schwer wird es, wenn man nicht ihr Wozu erkennt.

Eine ernste Angelegenheit

In der Krankheit ist der Mensch gezwungen, über die eigene Existenz zu reflektieren. Er muss das Bild überdenken, das er sich von sich selbst gemacht hat, als er in Form und bei guter Gesundheit war.

In der Krankheit erlebt der Mensch auf neue Weise seine Körperlichkeit und die Zerbrechlichkeit der menschlichen, kreatürlichen Verfassung. Es kann sogar so weit kommen, dass er alles in Frage stellt: Wozu leben, wenn man doch sterben muss? Darum braucht gerade ein kranker Mensch auch geistigen Beistand und Ermutigung.

Auf dieses Thema werde ich in dem Abschnitt über die Sakramente, besonders im Zusammenhang mit der Krankensalbung, zurückkommen (s. S. 101).

Der Diener rebelliert

Eine Krankheit trifft den Körper ganz unmittelbar. Sie ist ein Geschehen, in dem wir uns der übermächtigen Bedürfnisse unseres Körpers bewusst werden: Jetzt schreit er auf, jetzt meldet er sich, der so lange ein bereitwilliger, stiller, diskreter Diener gewesen ist.

Es geht ihm nicht gut. Er begehrt auf. Jetzt will *er* bedient werden; plötzlich wird er anspruchsvoll. Und er stellt mich vor eine schwierige Frage: Was ist mein Leib?

Ohne groß darüber nachzudenken, erachtete ich es als eine Selbstverständlichkeit, dass meine vitalen Erfahrungen etwas Schönes, Angenehmes waren, die Erfahrung, etwas zu genießen, zu besitzen oder erreichen zu können. Jetzt wandeln sie sich: Über weite Strecken sind es sehr unangenehme Erfahrungen des Verlierens, des Scheiterns, der Ohnmacht.

Mir geht auf, dass ich nicht Herr meiner selbst bin, nicht Herr über meinen Körper und über mein Schicksal. Ich bin auch nicht Herr über mein eigenes Ende. Denn „der Leib ist für den Herrn da" (1 Kor 6,13).

Die Krankheit gehört zum Leben

Die Krankheit ist Teil des Lebens. Aber eben nicht als Wachstum oder Erfüllung. Sondern als Unterbrechung, Zäsur, als Ungewissheit, Last, Plage. Sie ist kein Unfall, sondern die Offenlegung der ganz normalen Begrenztheit aller menschlichen Befriedigung und Erfüllung. Sie definiert mich in meiner zerbrechlichen, schwachen, ungesicherten, unvollkommenen Existenz.

Sie offenbart in aller Deutlichkeit, was auch dann verborgen in mir liegt, wenn es mir gut geht. Ich fürchte die Krankheit; denn ich will nicht, dass die Wahrheit über mich, meine Begrenztheit, meine Armseligkeit zum Vorschein kommt.

Der Kernpunkt

In besonderer Weise künden uns bestimmte, sogenannte unheilbare Krankheiten an, dass wir sterben werden, vielleicht schon bald. Sie stellen uns im Voraus vor einen entscheidenden Augenblick des Lebens, an den zu denken wir uns sträuben und den wir vergessen, solange der Körper schweigt und gehorcht.

Wir sind nicht darauf vorbereitet, den letzten Abschnitt der irdischen Existenz zu leben; wir sind nicht bereit, den Berg zu erklimmen, der vor uns liegt; wir schaffen es nicht anzunehmen, dass uns – wenn der Weg zum Gipfel steil und schwierig ist – geholfen wird, ihn in einem letzten Aufschwung zu erreichen. Oder wir wollen selber über diesen Moment bestimmen, „den Stecker herausziehen", wann *wir* wollen. Wir lehnen uns dagegen auf, uns in Gottes Hand zu geben.

Die Angst vor dem Tod ist der Knotenpunkt, der uns alle verbindet. Diese Angst ist ein Faktum. Sie lässt sich nicht beseitigen.

Diese Angst ist auch Lebensschutz: Sie mobilisiert, fördert den Selbsterhaltungswillen und weckt den Widerstand (das sehen wir beispielsweise an Menschen, die den Krieg oder die Konzentrationslager überlebt haben). Die Kehrseite ist, dass sie nicht zu beseitigen ist; sie bricht unwillkürlich über uns herein und ist menschlich betrachtet nicht zu überwinden.

Jesus selbst hat die Todesangst durchlebt. In diesen Momenten bleibt nur eines zu tun: einzutreten ins Gebet. „Mein Vater, wenn es möglich ist, gehe dieser Kelch an mir vorüber. Aber nicht wie ich will, sondern wie du willst" (Mt 26,39).

Grenzen der Medizin

Heute ist der Kranke in der Regel den Ärzten, der Medizin und Medizintechnik anheimgegeben. Doch das genügt nicht, es kann nicht genügen. Der Kranke braucht eine Deutung seines Patientendaseins, und die Medizin kann sie ihm nicht geben.

Die Medizin widmet sich der Frage, wie die Krankheit zu heilen ist, wie der Tod – oft mit allen Mitteln – hinausgeschoben werden kann. Doch es besteht die Gefahr, dass der kranke Mensch nicht mehr genügend Raum hat, die Bedeutung seiner Krankheit herauszuarbeiten.

Immer wieder muss daran erinnert werden, dass alle verfügbare Technik Mittel ist und nicht Ziel; sonst würde sie zum Götzen.

Der Kranke hat das Recht zu wissen, ob es ernst um ihn steht. Ich weiß von einem an Krebs erkrankten Priester, der vor einigen Jahren im Geheimen die Diagnose gelesen hatte. Er schrieb: Ich bin froh zu wissen, was die Ärzte über mich wissen. Ich habe ein Recht darauf, und ich habe den festen Willen, mit all meinen Kräften bewusst auf den Tod zuzugehen.

Eine Frage des Beistands, der Liebe, des Sinns

Die Krankheit ist nicht einfach ein medizinisches Problem. Sie ist eine Frage des Beistands, der Liebe, des Sinns.

Jesus hat sich in seinem öffentlichen Wirken oft den Kranken zugewandt; er ist auf ihre tiefen Fragen eingegangen.

Einen Kranken zu begleiten, kann sehr nachdenklich machen. Es überrascht, wenn gerade er innerste Empfindungen zum Ausdruck bringt, wie man sie selten findet: Mut, Hoffnung, Bereitschaft, das Leid anzunehmen, ohne zu resignieren.

Die Kranken, besonders die chronisch Kranken, machen oft die Erfahrung, dass die menschliche Anteilnahme an ihrem Schicksal mit der Zeit abnimmt. Auch das ist ein Appell an unsere bürgerliche Gesellschaft, in der die „Kultur der Gesunden“ dominiert.

Die Augen öffnen

Die physische Krankheit kann freilich auch zu einem bedeutungsvollen Ort der Kommunikation werden; zu einem Ort der Gemeinschaft und nicht der Isolation; zu einer neuen Bejahung seiner selbst und der anderen.

Die Krankheit kann auch ein Anstoß zur Umkehr werden; sie kann die Augen öffnen für einen neuen Horizont, der allem Sinn gibt: unserer irdischen Existenz, der Krankheit und dem Tod. Denn unser Leben ist kein Gang ins Nichts, sondern Zugehen auf den entgegenkommenden Herrn.

Meine Begegnungen mit Kranken

In den zwanzig Jahren bischöflichen Dienstes hatte ich viele Gelegenheiten, Kranke zu besuchen, sowohl in Krankenhäusern und Kliniken wie bei ihnen zu Hause.

Ich habe so manche Gesichter von Kranken vor Augen, Gesichter von jungen, ja ganz jungen, von reiferen und alten Menschen, von Männern und Frauen. Ich habe erlebt, wie der Schmerz Menschen innerlich aufwecken kann, wie er jemand zum Leben führt, der sich – ohne Leid – seiner

Existenz und seines außerordentlichen Wertes gar nicht recht bewusst war. Dabei ist mir aufgegangen, wie sehr die „Gesunden" versucht sind, die vielfältige Bedeutung des Lebens zu übersehen und wichtige Dinge zu vernachlässigen.

Ja, es stimmt: Im menschlichen Herzen gibt es Räume, gibt es Dimensionen, die erst der Schmerz ans Licht bringt!

Die vielen Kranken, denen ich begegnet bin oder die mir geschrieben haben, haben mich sehr bereichert, indem sie mich teilhaben ließen an ihrer Hoffnung, an ihrem Glauben, an ihrer oft grenzenlosen Geduld. Ich habe ganz gewiss weit mehr von ihnen empfangen, als ich ihnen bei meinen Besuchen oder in meinen Antwortbriefen geben konnte. Der Leib des Kranken kann uns dazu bringen zu begreifen, was der Leib wirklich ist.

Demut

Mir scheint, die ehrlichste und angemessenste Haltung gegenüber der Krankheit ist die Demut. Denn wir wissen nicht, wie wir reagieren werden, welche Empfindungen und Gefühle uns in der Stunde der Prüfung überkommen. Doch gewiss ist, *dass* diese Prüfung früher oder später an unsere Tür klopfen wird. „Vater, lass nicht zu, dass wir in der Versuchung fallen" (vgl. Mt 6,13).

Gesundheit und Gebet

Gibt es einen Zusammenhang zwischen Gesundheit und Gebet? Zweifellos. Vor allem insofern, als viele unserer Gebete Bitten um die Gesundheit des Körpers sind. Das zeigt sich schon in den Psalmen und in den Evangelien. Oft sprechen wir wie der Aussätzige: „Herr, wenn du willst, kannst du machen, dass ich rein werde" (Mk 1,40), oder wie der Blinde: „Rabbuni (Mein Meister), ich möchte wieder sehen können" (Mk 10,51) ...

Doch es verdient auch hervorgehoben zu werden, dass die beständige Übung des Gebets eine Ruhe, innere Gelöstheit und positive Gemütsverfassung begünstigt, die unserem Wohlbefinden zugute kommen. Das bedeutet selbstverständlich nicht, dass dies der Grund unseres Betens sein sollte: Das Gebet suchen wir, weil wir froh sind, mit Gott sprechen zu können.

Gebet und Krankheit

In der Krankheit fällt das Beten schwerer als sonst. Das liegt zum einen an den Beschwerden und Schmerzen, die einem zu schaffen machen, zum anderen daran, dass eine neue Qualität des Glaubens gefordert ist.

Gerade deshalb sind wir in Zeiten der Krankheit gerufen, ein innigeres, mystischeres und wesentlicheres Beten zu entdecken. Nur so werden wir in der Lage sein, vereint mit Jesus zu leiden, im Bewusstsein, dass wir „in unserem irdischen Leib ergänzen, was an den Leiden Christi noch fehlt" – „für den Leib Christi, die Kirche" (Kol 1,24).

Was ist der Leib?

„Selten begegnet man einem Menschen, der in seinem Leib wohnt wie in einer vorläufigen Bleibe.“
Basilius von Cäsarea

Durch die Jahrhunderte hindurch hat man den Leib zwiespältig, oft mit Argwohn betrachtet. Es ist nicht leicht, die Vielzahl unterschiedlicher Einstellungen und Interpretationen in Theorie und Praxis auf einen Nenner zu bringen.

Welcher Leib?

„Welcher" Leib steht heute im Mittelpunkt des Interesses? Was ist der Leib? Und wozu ist er da?

Fragen, die offen bleiben, so wie der Mensch, der sie sich stellt, offen bleibt.

Lassen wir diese Fragen unbeantwortet, bleiben wir Sklaven landläufiger Meinungen, Sklaven von Moden und den entsprechenden „Notwendigkeiten".

Ich aber möchte Kriterien haben, einen Bezugspunkt, eine Antwort auf die Frage nach Sinn und Bedeutung.

Laufen wir nicht vielleicht Gefahr, Aspekte des Leibes abzuspalten, den Körper auf einzelne Teile zu reduzieren – mit der Folge, dass wir seinen Sinn als Ganzes aus dem Blick verlieren? Man denke an Bilder aus der Werbung, die spezielle Produkte für dieses oder jenes anbieten, an die zunehmende Spezialisierung in der Medizin. Brauchen wir nicht auch den Blick für das Ganze?

Eine weitere Frage: Besteht nicht auch die Gefahr, dass eine versessene Aufmerksamkeit auf den eigenen Körper die Beziehung zu den anderen beeinträchtigt?

Wer bin ich?

Mit dem Begriff „Körper" bezeichnen wir im Allgemeinen jedes Objekt, das durch den Tast- und Sehsinn wahrnehmbar ist. Auf den menschlichen Körper bezogen ist diese Definition offenkundig ungenügend, zumindest sofern es sich nicht um einen toten Körper handelt.

Denn unser Körper ist ja zuerst Subjekt, also mehr als ein bloßes Objekt. Und Subjekt ist er nicht nur für den Tast- und Gesichtssinn, sondern in allem, was wir tun und was wir erleiden.

Vorgängig zu jeder Reflexion drängt sich die Wirklichkeit des Körpers auf: Wenn er geboren wird, löst er sich von der Mutter und unterscheidet sich von ihr; auf ihn richtet sich die Sorge und Liebe; er trifft auf andere Körper, und schließlich erkennt er sich selbst.

Wer bin ich? Welche Antwort ich auf diese Frage gebe, hängt vom Verständnis meines Leibes ab: Er ist der erste „Ort" für das Erkennen meiner selbst wie der anderen.

Von jeher fragt der Mensch nach sich selbst, nach dem eigenen Körper. Es ist *mein* Körper, und doch kann ich über ihn nachdenken, fast so, als wäre er etwas mir Fremdes. Es scheint, als sprächen aus ihm viele verborgene Stimmen, Stimmen, die mir etwas über ihn, über das Leben insgesamt sagen.

Mein Körper ist hineingestellt in einen Prozess, der ein wahres Abenteuer ist: Geborenwerden und Sterben; Wachsen und Abnehmen; Essen; Begegnung mit anderen; Lieben. Meine Geschichte, meine Wünsche, meine Freuden und Schmerzen, meine Hoffnungen und Erwartungen; meine Enttäuschungen; meine Erfolge und Wunden – all dies ist eingeschrieben in meinen Körper, in mein Fleisch.

Ich bin versucht zu sagen: Ich *bin* mein Körper. Doch dann höre ich mich selber sagen: Ich *habe* einen Körper. Diese vielfältigen Aspekte schaffen Verwirrung.

Der Leib birgt viele Gegensätze

Mein Körper platziert mich in Raum und Zeit; er trennt mich von den anderen und vereint mich mit ihnen; er bewegt sich und hält an; er wird angezogen und abgestoßen; er entzündet das Denken und löscht es aus.

Für den Körper gilt eine gewisse *coincidentia oppositorum*: In ihm fallen viele Gegensätze zusammen. Er macht alles, doch alles ist er nicht. Er ist *einer*, und er braucht alle. Er ist da; zuvor war er nicht, und später wird er einmal nicht mehr sein. Er weiß, was schön ist und gut; und er weiß, was schlecht ist und ihm weh tut.

Leib und Geist

Implizit, geradezu spontan wird der Körper im Gegensatz zum *Geist* verstanden. Unter manchen Gesichtspunkten verhält es sich tatsächlich so.

Tiefer betrachtet ist der Geist der *Atem*, das Leben des Körpers: Er lässt ihn leben, lässt ihn in einer ganz bestimmten Weise leben. Es ist der Geist, der einen Körper zu dem macht, was er ist, der ihn prägt und von anderen unterscheidet.

Ich kann sagen, dass mein Körper und besonders mein Gesicht der sichtbare Ausdruck der Ge-

Zwischen diesen beiden vereinfachenden Extrempositionen, die nie untergegangen sind, gibt es andere, die stärker nuanciert und ausgefaltet sind. Im Grunde sind es diese Auffassungen und ihre späteren Erläuterungen und Varianten, auf denen unser abendländisches Verständnis des Menschen fußt.

Der Leib in der Bibel

In der Heiligen Schrift wird der Mensch als ein Ganzes betrachtet. Der menschliche Leib ist der Erde und dem Himmel verwandt, Lehm mit göttlichem Lebensatem: „Gott, der Herr, formte den Menschen aus Erde vom Ackerboden und blies in seine Nase den Lebensatem. So wurde der Mensch zu einem lebendigen Wesen" (Gen 2,7).

Der lebendige Leib wird in der Regel „Fleisch", hebräisch *basar*, genannt: Fleisch, das durch den „Geist", hebräisch *ruah*, lebt.

Der Mensch besteht also aus Erde und Lebensatem, die beide von Gott kommen, durch sein Wort geschaffen sind. Während es von jedem anderen Lebewesen heißt, dass es „nach seiner Art" geschaffen wurde, wird über den Menschen nicht gesagt, zu welcher Art er gehört. Er ist göttlicher Art, geschaffen als Abbild Gottes, ihm ähnlich (vgl. Gen 1,26): „Gott schuf also den Menschen als sein Abbild; als Abbild Gottes schuf er ihn" (Gen 1,27).

Erde und Lebenshauch sind unlöslich vereint und stehen zugleich in Spannung zueinander: Der Geist braucht das Fleisch, um sich auszudrücken; das Fleisch, der Körper, könnte ohne den Lebenshauch nicht über sich hinauskommen, könnte sich nicht transzendieren.

Der Leib im Christentum

Bekanntlich traf das Christentum bereits in seiner Anfangszeit mit der griechischen Welt zusammen. Auch wenn es einige Aspekte griechischen Denkens aufgenommen hat, hält es trotz vieler gegenläufiger Tendenzen doch an der biblischen positiven Sicht des Leibes fest.

Gewiss waren die Einflüsse einer negativen Beurteilung stark – von Origenes bis Gregor von Nyssa und Augustinus, und die nachfolgende Reflexion wurde davon nicht wenig geprägt. Festzuhalten aber bleibt auf jeden Fall, dass eine pessimistische Sicht des Leibes immer im Widerspruch zu unumstößlichen Offenbarungswahrheiten stand: Der Mensch ist sehr schön (vgl. Gen 1,31); der Leib ist von Gott geschaffen nach seinem Bild und Gleichnis; das Wort ist Fleisch geworden, und das Fleisch ist – nach einem Wort Tertullians, der Angelpunkt der Erlösung („caro salutis cardo“).

Das Geheimnis der Inkarnation

Das Wort ist Fleisch geworden. Damit hat es uns eine ganz neue Sicht des Leibes erschlossen.

Der Sohn Gottes hat unseren sterblichen Leib angenommen; er wollte unsere Schwachheit und Zerbrechlichkeit teilen. Eine Zerbrechlichkeit, die fortan die Schönheit unseres Leibes nicht mehr verdunkelt.

Denn der Leib Jesu ist Offenbarung der göttlichen Herrlichkeit, er macht den unsichtbaren Gott sichtbar, ist eine Kundgabe, „Erzählung“ Gottes unter den Menschen. Und so ist auch unser Leib in seiner Ganzheit als Fleisch und Geist dazu bestimmt, die göttliche Schönheit zu spiegeln.

Aufgrund des Geheimnisses der Inkarnation, der Menschwerdung Gottes, die in der Auferstehung ihre Vollendung erreicht, können wir sagen: Im Zentrum des Christentums steht der Leib, steht die Leiblichkeit.

Der Leib Christi, der für uns hingegeben wird, ist das Herz christlichen Lebens und Denkens. Darum schreibt Paulus, dass unser Leib zum „wahren und angemessenen Gottesdienst" werden (Röm 12,1) soll, wörtlich: *logiken latreian*, einem Gottesdienst, der unserem Wesen entspricht.
Wie Christus für uns hingegeben wurde, so sollen auch wir unseren Leib „als lebendiges und heiliges Opfer darbringen, das Gott gefällt" (ebd.). Der Umgang mit unserem Leib ist nicht mehr von negativen Vorstellungen bestimmt, sondern von dem großen Angebot, Christus zu gehören, wie Christus uns gehört.

Selbstverständlich bleibt der Körper der schwache, sterbliche Aspekt des Menschen. Das ist ein Faktum. Und damit hängt auch die negative Verwendung des Begriffs Fleisch bzw. Körper zusammen, etwa in Formulierungen wie „auf das Fleisch vertrauen", „gemäß dem Fleisch leben". Gemeint ist ein Sich-Verschließen in die eigenen Grenzen, die zum Ort der Verteidigung und der Aggression werden.

Eine ganz andere Haltung legt der weise mittelalterliche Satz nahe: *Homo habet animam, sed est corpus* – der Mensch hat eine Seele, doch er ist Körper: Staub, Erde. Heute sind wir uns vollauf bewusst, einen Körper zu haben; doch vielleicht haben wir vergessen, dass dieser eine Seele hat.

Der Körper „spricht"

Was soll man nun über den Körper sagen? Ich gestehe, dass ich ein wenig ratlos bin. Doch verwundert stelle ich fest: Der menschliche Körper selbst „sagt" uns etwas. Er spricht. Und er vernimmt etwas, weil jeder andere Körper zu ihm spricht.

Unser Körper ist geprägt vom Wort: Das Wort ist sein Kennmal, das ihm menschliche Würde verleiht. Der Leib spricht nicht nur mit Worten. Vielmehr spricht er *als* Körper, durch sich selbst.

Die Schwierigkeit liegt darin, wie wir als Leib und mit dem Leib leben, der vergeht oder gerettet wird, der für den Tod oder für das Leben lebt.

Ich möchte das unausgesprochene Wort kennen lernen, das dem Körper eingeschrieben ist, das Wort, das seine Bedeutung, seine Bestimmung erschließt. Wenn wir es nicht verstehen, laufen wir Gefahr, ihn zu verabsolutieren und ihn so zu zerstören. Er wird zu einem Idol, dem wir unser Leben opfern.

Wir wollen versuchen zu hören, was uns der Leib sagt; wir wollen das Wort vernehmen, das der Körper selber „ist". Denn der Mensch wird zur Interpretation seines Körpers.

Sexualität

„Eines Tages teilte Zeus den Menschen entzwei, um ihn zu strafen, ohne ihn jedoch zu vernichten. Seither ist jeder von uns ... eine Hälfte, die die andere Hälfte sucht."
(Platon, Symposion, XVI)

„Gott schuf also den Menschen als sein Abbild; als Abbild Gottes schuf er ihn. Als Mann und Frau schuf er sie."
(Genesis 1,27)

Der griechische Mythos, den Platon wiedergibt, erzählt vom „runden", vollkommenen Menschen, den Zeus zweiteilt. Seither ist jeder Mensch auf der Suche nach seiner anderen Hälfte.

In diesem Mythos liegt, dies spüren wir, eine tiefe Wahrheit: Der Körper ist wie ein unausgesprochenes Wort, eine unvollständige Wirklichkeit, die auf anderes verweist. Dabei geht es um weit mehr als um den bloßen Wunsch nach physischer Ganzheit: Hier geht es um die gesamte leibliche Verfasstheit des Menschen in seiner Beziehung zum Anderen, zu dem, der von ihm verschieden ist.

„Als Mann und Frau schuf er sie"

Die Bibel stellt im ersten Kapitel des Buches Genesis heraus, dass der Leib des Menschen, des Mannes und der Frau, nach dem Bild und Gleichnis Gottes geschaffen ist – auch und gerade im Mann- bzw. Frau-Sein.

„Gott sprach: Lasst uns Menschen machen als unser Abbild, uns ähnlich ... Gott schuf also den Menschen als sein Abbild; als Abbild Gottes schuf er ihn. Als Mann und Frau schuf er sie" (Gen 1,26f). Diese Offenbarung ist von grundlegender Bedeutung, um zu verstehen, was der

Leib ist und wie er der wird, der er von seinem Wesen her ist.

„Fleisch von meinem Fleisch"

Es gibt eine zweite biblische Erzählung, die erklärt, was der Leib ist:

„Dann sprach Gott, der Herr: Es ist nicht gut, dass der Mensch allein bleibt ... Da ließ Gott, der Herr, einen tiefen Schlaf auf den Menschen fallen, so dass er einschlief, nahm eine seiner Rippen und verschloss ihre Stelle mit Fleisch. Gott, der Herr, baute aus der Rippe, die er vom Menschen genommen hatte, eine Frau und führte sie dem Menschen zu. Und der Mensch sprach: Das endlich ist Bein von meinem Bein und Fleisch von meinem Fleisch ..." (Gen 2,18.21-23).

Adam schläft. Adam, der Mensch, kommt wieder zu sich, als aus der Wunde seines Herzens Eva, der andere Teil seiner selbst, geworden ist. Er erwacht mit einem Freudenschrei, voller Staunen. Er erkennt sich selbst in der Andersheit der Frau. Der Mensch jubelt auf: Überwunden ist die Einsamkeit, er hat den anderen entdeckt.

Die beiden Texte der Heiligen Schrift beantworten eine Grundfrage: Was ist mein Leib? Ihm ist ein ganz bestimmtes, klares Wort „eingeschrieben", und dieses Wort heißt: der *andere*. Der Leib ruft nach dem anderen, er wird er selbst vor dem anderen, dadurch, dass er in Beziehung tritt.

Der andere aber ist Geheimnis: Er entzieht sich jeder Analogie; es wäre eine Verkürzung zu sagen, er sei wie ich. Sobald ich ihn „besitzen" will, ist er nicht mehr der „andere", und ich bleibe allein, ohne irgendeinen andern.

Die Verschiedenheit der Geschlechter bewirkt, dass Mann und Frau in sich unvollendet sind; beide definieren sich in der Beziehung zum anderen.

Es ist kein Platz für den schönen Narziss, der sein Spiegelbild im Wasser betrachtet: Im eigenen Bild kann er nur untergehen.

Die biblische Offenbarung über den Menschen, der als Mann und Frau geschaffen wurde, hat viele Implikationen.

Der andere verweist auf den *Anderen*

Das Wort, das dem Leib eingeschrieben ist („der andere"), verweist auf *den* Anderen, auf Gott, den Heiligen: „Seid heilig, weil ich heilig bin" (Lev 11,44). Heilig bedeutet „verschieden, anders als alles andere". Der Leib ist für den ganz Anderen, für den Herrn (vgl. 1 Kor 6,13).

Mein Leib ist dazu bestimmt, „heilig" zu leben: nach der Art Gottes, in seiner Schönheit. Er ist berufen, die Herrlichkeit Gottes widerzuspiegeln, „Gottes Tempel" (1 Kor 3,16) zu sein.

Das Siegel Gottes

In der Bibel wird das Paar Mann – Frau anders verstanden als die Paare der übrigen Lebewesen. Diese dienen der Erhaltung und Vermehrung der Art. Das Paar Mann-Frau hingegen ist berufen, Bild und Gleichnis Gottes zu sein, und so bringt es auf der körperlichen, sichtbaren Ebene das Antlitz jenes Gottes zum Ausdruck, der Liebe ist. Man möchte sagen, dass die geschlechtliche Verschiedenheit den Menschen *zwingt,* wie Gott zu sein, eine Beziehung der Sympathie und Synergie, der Gemeinschaft und Fruchtbarkeit einzugehen.

Daraus erwächst die große Wertschätzung des Christen für den Leib und die Sexualität, deren Wert und Würde nie verkehrt oder herabgesetzt werden dürfen; nie dürfen sie zu einer billigen Ware werden. Daraus folgt auch, dass es keinen „ungezügelten" Umgang mit der Sexualität geben darf: Sie hat Sinn und Richtung, sie kennt Regeln und Grenzen.

Der menschliche Leib, der das Siegel Gottes trägt, verweist auf Gott gerade aufgrund der gegenseitigen Liebe zwischen Mann und Frau: einer Liebe, die nicht in sich verschlossen ist, die sich nicht selbst genügt, sondern offen ist für den, der mit dem Menschen eins sein will.

Ich lebe, wenn ich geliebt bin. Und: Ich lebe, wenn ich liebe. Tatsächlich ist die Liebe das Göttliche, das unserem Leib Leben gibt.

So sagt uns die Geschlechtlichkeit das große, erhabene Wort: Liebe.

Indem der Mensch liebt, entspricht er dem Bild Gottes; denn dessen Heiligkeit ist Liebe. Eine Sexualität, die dieses Wort des Körpers nicht entdeckt, wird dem Leib nicht gerecht, sie erniedrigt und entehrt ihn, verkennt seinen Wert und seine eigentliche Bedeutung.

Sinn und Bedeutung erhält der Leib durch die sich schenkende Liebe.

Sich schenken fördert die Freiheit. Sich nicht zu schenken, sich selbst zu suchen steht ihr im Wege und zerstört sie.

Sexualität und Freiheit

Die Sexualität, Geschenk Gottes, ist eine Energie, eine Kraft, über die jeder verfügt; von mir hängt es ab, wie ich mit ihr umgehe.

Wenn ich vor einer Schachtel mit hundert Zetteln stehe, auf denen hundert verschiedene Wörter geschrieben sind, kann ich mir die Augen verbinden und es dem blinden Zufall überlassen, welchen ich ziehe. Das mag ein heiteres Lotteriespiel sein; Ausdruck von Intelligenz und Freiheit aber ist es nicht.

Ich kann die Zettel aber auch sichten, die Wörter ordnen und etwas Sinnvolles, Zusammenhängendes daraus komponieren. Das Material ist jeweils dasselbe; das Ergebnis aber ist grundverschieden, je nachdem, ob ich den Zufall spielen lasse oder meinen Willen ins Spiel bringe.

„Freiheit“ ist ein vieldeutiger Begriff. Im Leib des Mannes, der Frau sind Notwendigkeit und Freiheit verbunden; er geht über den Instinkt hinaus.

Tiere sind instinktgesteuert; der Instinkt drängt sie in eine bestimmte Richtung.

Dem menschlichen Leib hingegen wohnt die vernunftgeleitete Freiheit der Person inne, er ist Möglichkeit, Offenheit.

Die Freiheit des Christen besteht darin, als und mit dem Leib zu leben – mit der Fähigkeit, sich seiner zu bedienen, um zu lieben. Diese Freiheit heißt nicht, tun, was mir gefällt oder was ich tun muss, sondern tun, was Gott gefällt: Es gefällt mir, dem zu gefallen, der mich liebt und den ich liebe.

Es ist also nicht die Freiheit des ungezügelten Freien, der Sklave jedes Impulses wird. Es ist auch nicht die Freiheit eines stoischen Menschen, der jeden Impuls negiert. Es ist die Freiheit zu lieben und den eigenen Leib zu beherrschen. Es ist eine Freiheit, die ihren Ausdruck in der „Selbstbeherrschung" findet (vgl. Gal 5,22).

Aus christlicher Sicht sind die Schönheit und Harmonie der Sexualität eine Kunst, die man lernen muss, wie die Poesie, die Malerei, die Musik. Wenn wir es verstehen, Beziehung richtig zu leben, werden uns die inneren Impulse nicht nach blindem Zufall bestimmen, noch stehen wir ihnen hilflos gegenüber; vielmehr werden wir sie in

Freiheit lenken, so wie der Herr es uns eingibt. Darum ist es so wichtig zu lernen, die Sexualität als Ausdruck der Liebe und der Gemeinschaft mit Gott zu leben.

Der Leib als Grenze

Der Leib, der auf den anderen verweist, ist auch Zeichen einer Grenze: Er grenzt mich ab von den anderen.

In der Geschichte haben Mann und Frau von Anbeginn an diese „Grenze" immer wieder zu einem Ort des Todes und nicht des Lebens gemacht; sie war Anlass der Verteidigung und des Angriffs statt der Offenheit, Anlass zu Anpassung statt Ermöglichung von Freiheit, sie führte zu narzisstischer Monotonie statt harmonischer Dynamik in der Beziehung zu anderen.

Die Geschlechtlichkeit ist die Grenze, die auf die andere Person, auf den von mir Verschiedenen verweist. Sie ist der Ort, wo sich am offenkundigsten zeigt, ob ich „gegen" oder „für" den andern bin: Nicht zuletzt entscheidet sich an dieser Stelle das Leben des Menschen.

Wenn Atmen, Essen und Trinken meinen Leib betreffen, so betrifft der Umgang mit der Sexualität den anderen und lässt mich *für* den andern sein. Hier geschieht auf radikale Weise – wenn auch nicht automatisch – Trennung und Anziehung gegenüber dem von mir Verschiedenen.

Ich bin vom anderen erkannt

Ein jeder, ob Mann oder Frau, erkennt sich, indem er über sich reflektiert. Doch gibt es wichtige Aspekte meiner selbst, die nur der andere kennt; nur die Frau kennt bestimmte Aspekte des Mannes und umgekehrt.

Niemand kann für sich in Anspruch nehmen, sich selber definieren zu können, vielmehr bedarf er der Hilfe des bzw. der anderen, der Wahrnehmung, die er von ihr oder sie von ihm hat.

Komplementarität, nicht Differenz

Es wäre nicht ganz zutreffend, bloß vom „Unterschied" der Geschlechter zu sprechen. Jedenfalls nicht in dem Sinne, als ob es sich in der Beziehung zwischen männlichem und weiblichem Geschlecht um eine Beziehung zwischen Ungleichen handelte, wo der eine mehr oder weniger hat oder ist als der andere.

Ich möchte auch nicht von bloßer Verschiedenheit sprechen; das würde die dem anderen je fremden Charakteristiken betonen. Der Begriff der Integration führt, so meine ich, weiter; am besten trifft es wohl die Sache, wenn wir von Komplementarität sprechen.

Komplementarität meint, dass Unterschiedliches aufeinander bezogen ist und zusammen eine Einheit bildet (in diesem Sinne geht es um Integration).

In einer Beziehung der Komplementarität freut sich der eine an dem Guten des anderen; sie wird zum Prinzip der Gemeinschaftlichkeit im Schenken, in der offenen Annahme des anderen, im gegenseitigen Dienst. Sie durchtränkt die Liebe mit Demut, Achtung, Treue, Ehrerbietung.

Partner Gottes

Der Mensch wird zu dem, was er liebt; das Geliebte wird die Lebensmitte des Liebenden: *Amatus fit forma amantis*.

Gott selbst wird als Geliebter zum Leben des Menschen, wie die Heilige Schrift sagt: „Du wirst den Herrn, deinen Gott, lieben mit ganzem Herzen, mit ganzer Seele und mit ganzer Kraft" (Dtn 6,4), mit dem ganzen Leben.

Die Geschlechtlichkeit legt in unseren Leib das Zeichen dieser großartigen Bestimmung, sie zeigt mir: Ich bin Partner Gottes, meine Identität finde ich in ihm.

In der Bibel ist die Beziehung zwischen Mann und Frau auch ein Bild der Beziehung zwischen Gott und dem Menschen. In diesem Sinn wird „das ‚Frauliche' zum Symbol alles ‚Menschlichen'" (*Mulieris dignitatem*): Der Mensch ist berufen, „Braut" Gottes zu sein, ihm ähnlich: Er ist berufen, auf die Liebe, mit der Gott ihn liebt, zu antworten.

Das Bild der bräutlichen Liebe begegnet uns auf vielen Seiten der Heiligen Schrift, besonders im Hohenlied, beim Propheten Hosea und in der Offenbarung des Johannes.

Der Mensch, ob Mann oder Frau, ist geschaffen, um Gott mit absoluter Liebe zu lieben, als seinen einzigen Partner im vollen Sinne.

Die leidenschaftliche, treue Liebe, die Mann und Frau verbindet und „*ein* Fleisch" werden lässt (vgl. Gen 2,24), ist ein Widerschein jener Liebe, die Gott bewog, sich mit dem Menschen zu vereinen, um – in Jesus – ein Fleisch mit ihm zu werden. Und umgekehrt, vom Menschen her, kann man sagen: „Wer sich an den Herrn bindet, ist *ein* Geist mit ihm" (1 Kor 6,17).

Wenn die Kirche sich zur Sexualität äußert, erwarten viele Menschen, dass sie Normen und Verbote ausspricht. In Wahrheit tut die Kirche nichts anderes, als die gemeinsame Weisheit der Völker im Licht des Evangeliums zu deuten.

Auch eine unvoreingenommene, nicht verkürzende nicht-religiöse Moral, die aufrichtig und umfassend über den Menschen, seinen Sinn und seine Stellung in der Welt reflektiert, muss Hinweise geben, was erlaubt ist und was nicht, welche Bedeutung die Sexualität hat, was ihrer Verwirklichung dient und was nicht.

Eine Norm will Werte und Bedeutungen nahe legen, im Wunsch, zur Reifung des Gewissens beizutragen und verstehen zu lassen, was wirklich glücklich macht. Die Weisheit aller Völker zeugt vom Wissen, dass es ohne Verbote keine echte Freude gibt, dass es auch wichtige „Tabus" gibt, sofern sie vernünftig und einsichtig sind.

Wer die kirchliche Sicht der Sexualität kennt, weiß gut, dass sie letztlich eine erzieherische Absicht verfolgt. Die Kirche reflektiert über die menschliche Erfahrung, und vor allem sucht sie Orientierung im Wort Gottes, um die integrale Wahrheit über die Sexualität anzubieten: eine

Wahrheit, die auch die Bedürfnisse und die Verantwortung bewusst macht, welche in der Struktur menschlicher Sexualität liegen.

In diesem Sinne bietet die Kirche eine Lehre und ethische Weisung an, die dem Menschen helfen soll, als Mensch zu wachsen. In der Mitte einer christlichen Sexualethik, die die verschiedenen Aspekte und Probleme der Sexualität behandelt, steht die Kategorie der „Verantwortung".

Die klassische Regel

Die klassische Regel für eine menschlich gut gelebte Sexualität ist sehr einfach: Die Befriedigung, die aus sexuellen Handlungen kommt, gewinnt ihre eigentlich menschliche Dimension, wenn sie ausgerichtet ist auf die liebende Vereinigung zweier Menschen, die einander in unverbrüchlicher gegenseitiger Treue verbunden und offen für die Fruchtbarkeit ihrer Beziehung sind. Was nicht dieser Regel entspricht, fügt sich nicht in eine geordnete Sexualität ein.

Hier sind eine Fülle von Handlungen, Gesten, Gedanken und Wünschen von Belang, die entweder in die richtige Richtung gehen oder aber mehr oder weniger von der genannten Regel wegführen.

Es gibt auch Handlungen und Gedanken, in denen die Begegnung, auf die menschliche Sexualität angelegt ist, gänzlich vergessen scheint: sei es, dass sie den Einzelnen auf sich selbst fixieren, sei es, dass jemand in purer Selbstbezogenheit einen anderen Menschen instrumentalisiert. Dies sind schmerzliche Verkehrungen.

In Moraltraktaten wurde zu all dem eine Kasuistik entwickelt, in die einzutreten hier nicht der Ort ist.

Es ist allerdings nicht gesagt, dass jede „Unordnung" eine Sünde im theologischen, religiösen Sinne ist. Um eine Sünde handelt es sich erst dann, wenn das Bewusstsein vorhanden ist, dass eine freie, vermeidbare Handlung in ernster Weise das innere Gleichgewicht und die Beziehung zum anderen stört – und damit auch die Unterordnung unter den Plan Gottes, der das Glück des Menschen will.

Ich bin überzeugt, dass ein von der Grundregel abweichendes Verhalten oftmals Folge von unbedarfter Leichtfertigkeit ist, von Bequemlichkeit, von einer ungeordneten Sinnlichkeit, von momentanem Angezogensein und manchmal auch von Unkenntnis der rechten Ordnung menschlicher Sexualität. Darum ist es notwendig, sich auf den Weg zu begeben, um zu größerer Klarheit und zum Sieg über sich selbst zu kommen – und sei es graduell, Schritt für Schritt. Der Rat eines reifen Menschen und das Sakrament der Versöhnung werden dabei eine große Hilfe sein.

Konsumismus und Sexualität

Es ist bedauerlich, dass eine konsumistische Mentalität die Sexualität vielfach zu einer Ware degradiert hat, oft gar zu einem Tauschgeschäft oder verkaufsfördernden Werbemittel. Die Sexualität darf nicht zu einer Sache oder zum Idol verkommen, sie darf nicht reduziert werden auf Bilder. Der Körper, seine äußere Schönheit, die Ausdrucksformen seiner Empfindungen nehmen in der heutigen Kultur eine zentrale Stelle ein. Und weil unsere Kultur maßgeblich vom „Bild" geprägt ist und nicht vom Geist, gelingt es kaum, die tiefste, die eigentliche Dimension des Körpers zu erfassen.

Keuschheit

Karol Wojtyla, der jetzige Papst Johannes Paul II., beschrieb in seinem Werk „Liebe und Verantwortung" (München 1979, S. 148) die Keuschheit als „Lauterkeit der Haltung zur andersgeschlechtlichen Person". Heute wird schnell gesagt, dass der Mensch all seine psycho-physischen Impulse annehmen und befriedigen müsse; man meint, eine Beherrschung der eigenen Sexualität führe zu übermäßigen Spannungen und schließlich zu verschiedenen Neurosen. Doch Keuschheit ist Ordnung, Gleichgewicht, Herrschaft, Harmonie.

Andere sagen: „Mein Körper gehört mir; ich kann damit machen, was ich will. Ich bin zwar verantwortlich für Taten, die anderen schaden, aber über meinen Körper bin ich niemandem Rechenschaft schuldig." Wer so spricht, verkennt, was wir oben über den Körper, der auf Beziehung angelegt ist, dargelegt haben.

Das hedonistisch-sinnliche Klima, das in Teilen der Presse und des Fernsehens vorherrscht, übt auf viele Menschen großen Einfluss aus. Auch zahlreiche Christen, die im Prinzip Gott als Herrn auch über den Leib anerkennen, sehen sich leichtfertig Zeitschriften, Filme und Darbietungen jeder Art an – mit einer schuldhaften Unbekümmertheit und einer Leichtfertigkeit, die die Schönheit der Keuschheit verdecken.

Die Keuschheit ist eine außerordentlich schöne Haltung. Was sie ist, verstehen wir in ihrer Beziehung zur Schönheit der Liebe.

Auf jeden Fall ist sie alles andere als eine Geringschätzung des Körpers. Sie hilft vielmehr, die Energien zu lenken, sie von egoistischer Selbstbezogenheit freizumachen und sie mehr und mehr einzubringen als Dienst aneinander.

Gewiss erinnert *castitas* (Keuschheit) von seiner Wurzel her an Strenge und Zucht. Doch sie lehrt uns die Disziplin des Herzens, der Sprache, der Augen und all unserer Sinne. Das aber schenkt Gelöstheit, Freiheit, Harmonie und Frieden. Keuschheit ist nichts Negatives, im Gegenteil: Sie ist Herrschaft über sich selbst und zugleich die Anerkennung der Herrschaft Jesu über unseren Leib und unser Leben. Bei Paulus steht das Wort, das ich schon öfter zitiert habe und das mich bewogen hat, diese Stichpunkte niederzuschreiben, ein Wort wie Feuer: „Der Leib ist nicht für die Unzucht da, sondern für den Herrn, und der Herr für den Leib" (1 Kor 6,13).

Die Keuschheit hilft uns, in unserer leiblichen Verfasstheit die Freiheit des Geistes zu leben, dessen Frucht „Liebe, Freude, Friede, Langmut, Freundlichkeit, Güte, Treue, Sanftmut und Selbstbeherrschung" ist (vgl. Gal 5,22). Auch hier bewahrheitet sich, dass aus dem Opfer eine größere Freude erwächst.

Keuschheit in verschiedenen Lebensphasen

Selbstverständlich hat die Keuschheit je nach der Lebenssituation eine eigene Bedeutung und Ausprägung.

Es gibt eine Art, die Keuschheit zu leben, die der Ehe eigen ist. Anders gestaltet sie sich für jemand, der verwitwet ist, wieder anders für diejenigen, die aufgrund bestimmter Umstände ungewollt ehelos leben, und nochmals anders für die, die zu einem Leben in gottgeweihter Jungfräulichkeit um des Himmelreiches willen berufen sind.

In der Pubertät hat die Keuschheit eine ganz eigene Bedeutung. In dieser Zeit formen sich Ideale, werden die Grundlagen gelegt für die weitere Entwicklung der Person, und es können sich jene Kohärenz und Selbstbeherrschung ausbilden, die sich in allen späteren Phasen und Erfahrungen positiv niederschlagen.

Nicht auf die Vernunft allein vertrauen

Für den rechten Umgang mit der Sexualität genügt es nicht, sich mit Überlegungen darüber zu begnügen, was erlaubt ist und was nicht. Die Vernunft allein gleicht einem Damm, der ganz schnell bricht.

Notwendig ist eine innere Verankerung, eine geistliche Intuition, die uns verstehen hilft, was es für unser Verhalten bedeutet, dass unser Leib dem Herrn gehört. Eine rationale Reflexion führt nicht über Grundelemente hinaus, sie gelangt nicht zur Tiefendimension der Person: Man wird fortfahren, in verschiedensten Formen von Mitläufertum, Falschheit und Kompromissen zu leben. Doch aus einer spirituellen Intuition heraus werden wir den Weg verstehen, der zur Keuschheit und zur beständigen Selbstüberwindung führt: hin zu einer bereitwilligen Unterordnung unter jenes Große, Außergewöhnliche, das Liebe heißt.

Dies alles freilich verlangt Demut, Gebet, Mut, Beharrlichkeit. Es ist ein langer Weg der Befreiung.

Keuschheit als Armut

Keuschheit ist Erziehung und Training, um eine Mentalität des Haben-Wollens zu überwinden und sich nicht als Herr über den eigenen Körper und den eines anderen Menschen zu betrachten.

Keuschheit ist eine Form evangeliumsgemäßer „Armut". Sie erstreckt sich auch auf das Essen und Trinken, auf den in unserer Konsumgesellschaft üblichen Umgang mit Genussmitteln und beinhaltet auch einen klugen, maßvollen Umgang mit dem Fernsehen.

Reinheit des Herzens

Der „Reinheit des Herzens" gilt eine der Seligpreisungen des Evangeliums: „Selig, die ein reines Herz haben; denn sie werden Gott schauen" (Mt 5,8). Diese Herzensreinheit ist umfassender als die Keuschheit. Sie schließt diese ein, und sie hilft uns die tiefere Ursache dafür zu entdecken, dass in unserem Glaubensleben manches unklar ist. Wenn die Willenskraft schwindet und freundschaftliche Beziehungen nicht keusch gelebt werden, ist das Herz nicht rein; man fühlt sich als oberflächlicher Christ, lässt im Beten nach, hat Verlangen nach immer neuen Reizen. Auf diesem

Erdreich gedeihen die Versuchungen des Unglaubens.

Was die Keuschheit hervorbringt

Die Keuschheit ist etwas sehr Schönes; sie bringt wunderbare Früchte hervor: die Erfahrung, dass das eigene Leben eine Einheit wird; Freiheit von falschen Verabsolutierungen; Offenheit für die Wahrheit; Bereitschaft, zu dienen und sich mit ganzem Herzen zu engagieren; Kraft, die wirklichen Werte unserer Existenz zu leben, zu bezeugen und zu verkünden.

Ein unbequemes Thema

Ich bin mir bewusst, dass es unbequem ist, über die christliche Keuschheit zu sprechen. Angesichts der gegenwärtigen Lebensmodelle ist es geradezu paradox, sie ins Gespräch zu bringen. Und doch halte ich es für meine Pflicht – zumal für die Jugendlichen. Die Keuschheit zu thematisieren kann Anstöße geben, kann öffnen für ein Leben, das mit dem Lebensmodell des Evangeliums, einem Modell der Liebe und Freiheit, in Einklang steht.

Von Geburt an

Auf die Geschlechtlichkeit richtet sich schon vor der Geburt die Aufmerksamkeit: Die Eltern wollen wissen, „ob es ein Junge oder ein Mädchen wird". Auf jeden Fall ist es wichtig, dem Kind von seiner Geburt an in einer Weise zu begegnen, dass es ein richtiges Verhältnis zu seinem Körper entwickeln kann. Sexualerziehung ist ein integrativer Bestandteil des gesamten Erziehungsprozesses.

Erziehung zum Sich-Schenken

Den Übergang vom Jugend- zum Erwachsenenalter vollzieht man nicht, wenn man zur intellektuellen Reife kommt, sondern wenn man gelernt hat, eine altruistische, absichtslose Liebe zu entwickeln, die nicht von Vorleistungen des andern abhängt.

Ein Junge wird zum Mann, ein Mädchen wird zur Frau, wenn sie fähig sind, um des Wohls des und der anderen willen von sich selbst abzusehen. Zuvor sind sie psychologisch gesehen noch Heranwachsende, womöglich sogar Kinder.

Dieser Übergang geschieht freilich nicht von selbst und auch nicht zufällig: Er ist die Konsequenz einer Erziehung zur Liebe. Und um lieben zu können, bedarf es der grundlegenden Fähigkeit, die eigenen sexuellen Regungen und Wünsche zu beherrschen.

Lieben lernen heißt nicht, mit Sexualtechniken vertraut zu werden. Lieben lernen heißt auch nicht, losgelöst von einer tiefen interpersonalen Gemeinschaft und von der Offenheit für das Geschenk neuen Lebens seine Befriedigung in einer Beziehung zu suchen und zu genießen.

Die Jugendlichen und die Keuschheit

Das Bemühen, in der Jugend die Keuschheit zu leben, schafft gute Voraussetzungen für eine transparente, lautere Haltung: Sie hilft, unbelastet hinzuhören auf das, was Gott einem sagt, zu vernehmen, was sein Geist einem zu verstehen geben will. Wo hingegen das ehrliche Bemühen um Keuschheit fehlt, wird es kaum möglich sein, dass eine dem Evangelium gemäße Berufung wächst.

Ein junger Mensch, der keusch lebt, lernt das gehorsame Hören auf eine Inspiration; er lernt, dem Herrn Ja zu sagen und nicht bei der eigenen Schwäche und Trägheit stehen zu bleiben.

Die Keuschheit unterdrückt nicht die eigenen Wünsche, sie verachtet und leugnet sie nicht, sondern lenkt sie von innen her. Zugleich hilft sie dem jungen Menschen in seinem Bemühen, sich für eine andere, tiefere Welt zu öffnen, die Wirklichkeit so anzuschauen, wie sie ist, und sie zu „entziffern".

So wird er nach und nach verstehen: Die Sexualität darf nicht instrumentalisiert werden, schon gar nicht wie eine Ware verschleudert oder Gegenstand von Verletzung und Gewalt werden. Sie will bejaht und gelebt werden im Wissen um ihre Bedeutung und ihren Sinngehalt.

Ein mutiger Vorschlag

Die Erfahrung in meinem bischöflichen Dienst hat mir gezeigt, dass junge Leute nichts dagegen haben, wenn man ihnen mutig ein Leben der Keuschheit vorschlägt. Im Gegenteil: Oft verlangen sie von den Erziehern eine solche klare Aussage, auch wenn sie um die eigenen Widersprüchlichkeiten wissen und ihnen bewusst ist, wie schnell man Kompromisse macht.

Doch die Jugendlichen und die Erwachsenen spüren intuitiv, dass es um eine echte Liebe geht und um einen guten, richtigen Umgang mit dem unschätzbaren Geschenk der Sexualität. Und sie kennen auch die Furcht, dass sie die Möglichkeiten und Ressourcen vergeuden könnten, die ihnen die Natur anbietet, um Entscheidungen der Liebe zu treffen.

Der Plan Gottes

Eine christliche Erziehung zum Verstehen der Bedeutung der Sexualität schöpft nicht nur aus einer allgemeinen, aufmerksamen Betrachtung menschlicher Erfahrung, sie bedient sich auch nicht nur der Erkenntnisse der Humanwissenschaften. Sie orientiert sich an Gottes Willen und seinen Vorstellungen. Denn der Leib ist eine Wohnstätte Gottes, ein Ort, an dem sich Gott manifestiert. Hier wird das Geheimnis der unsichtbaren Dreieinigkeit sichtbar, die höchste Freiheit und größte Liebe: „Wisst ihr nicht, dass ihr Gottes Tempel seid und der Geist Gottes in euch wohnt?" (1 Kor 3,16).

Die Sakramente

„Und das Wort ist Fleisch geworden und hat unter uns gewohnt."
(Joh 1,14)

Jesus sprach: „Das ist mein Leib, der für euch hingegeben wird."
(Lk 22,19)

„Unser Leib ist für den Herrn da und der Herr ist für den Leib."
(Vgl. 1 Kor 6,13)

„Der Leib ist für den Herrn da und der Herr für den Leib." Die Wechselseitigkeit, die in diesem Wort des hl. Paulus zum Ausdruck kommt, ist ein Mysterium, das uns einen ungeahnten Horizont eröffnet. Für den Leib beinhaltet dies etwas ungemein Befreiendes.

„Der Leib ist für den Herrn da", das heißt, er ist bestimmt zur Fülle des Lebens, nicht zur Zerstörung; zu einem Leben in der Liebe zum Herrn – in Zeit und Ewigkeit.

„Der Leib ist für den Herrn da": Mein Herz wohnt bei ihm, es liebt ihn, erkennt ihn. Und so sucht es den Weg, um zu ihm zu kommen und immer bei ihm zu sein.

„Der Herr ist für den Leib da": Der Logos, das Wort, der Sohn Gottes, ist Mensch geworden, hat „Fleisch angenommen", um bei mir zu sein als einer von uns, um sich mit mir zu vereinen und sich mir zu schenken, um mir in dieser Weltzeit seine ewige Liebe zu zeigen, um mich zu lehren, diesen Leib als Geschenk der Liebe zu begreifen und entsprechend zu leben. Bei seinem Abschiedsmahl mit den Jüngern sagte Jesus, seine ganze Existenz zusammenfassend: „Das ist mein Leib, der für euch hingegeben wird. Tut dies zu meinem Gedächtnis" (Lk 22,19). Seit zweitausend Jahren leben unzählige Männer und Frauen aus diesem Gedächtnis.

Das Christentum gründet auf dem Leib, den Christus angenommen hat: Es ist die Religion des inkarnierten Logos, des menschgewordenen Wortes.

Der Leib des Christen wird ins Wasser der Taufe getaucht und dann in den verschiedenen Momenten des Lebens begleitet, bis in die Augenblicke der Krankheit, bis in den Tod hinein – als Vorspiel der Auferstehung des Leibes. Der Leib des Christen lebt aus seiner Eingliederung in den Leib des auferstandenen Christus; er wird Glied jenes großen Leibes Christi, der die Kirche ist.

So steht im Christentum ein Leib im Zentrum, der geboren wird und wächst, der kommuniziert, sich erneuert und sich ausweitet, der krank wird und gesund, der stirbt; denn in der Entwicklung des Leibes lebt der Logos, das Wort.

Und alle Phasen, die mein Leib durchlebt, haben eine Bedeutung, beinhalten ein „Wort", auf das sie verweisen. Dieses Wort wird von den Sakramenten der Kirche ausgesprochen.

Die Sakramente bringen das unausgesprochene Wort des Leibes zur Sprache.

Jedes Sakrament enthält ein Wort, das den menschlichen Leib und seinen Weg zu Gott betrifft; dieses Wort gibt Dingen und Handlungen Gestalt, Bedeutung und Leben – immer in Bezug auf den Leib Christi und den Leib der Kirche. Das Geborenwerden und Wachsen des Leibes stehen in Verbindung mit der Taufe, der Firmung und dem Sakrament der Versöhnung; Essen und Erwachsenwerden in Verbindung mit der Eucharistie und dem Weihesakrament; Geliebtsein und Lieben in Verbindung mit dem Ehesakrament; Leiden und Sterben in Verbindung mit der Krankensalbung und dem *dies natalis*, der endgültigen Taufe: Sterben heißt, der Leib wird zu neuem Leben geboren, er erwartet seine Auferstehung und Verklärung.

Das Wort des Geborenwerdens: die Taufe

Geborenwerden ist eine Erfahrung, von der niemand von uns etwas weiß, es sei denn indirekt: die traumatische Erfahrung, den Mutterschoß zu verlassen und in die Welt „geworfen" zu werden. In dieser Erfahrung gründet das konstitutive, unbewusste Gefühl der Einsamkeit, das für jedes menschliche Wesen charakteristisch ist.

Doch zugleich ist die Geburt ein Kommen zu sich selbst, ein Kommen zum Licht, zur personalen Existenz. Man wird aus einem anderen geboren, unterscheidet sich von der Mutter: Geborenwerden heißt „Ein-anderer-Werden".

Diese Andersheit bedeutet zweierlei: Negativ gewendet heißt es, getrennt zu werden, allein und fremd zu sein, im Tiefsten verwundet, getrennt von der eigenen Lebensquelle, zu leben mit einer (und zwar *meiner*) Narbe. Positiv gewendet bedeutet es, man selbst zu sein, anders als die anderen, aktives, freies Subjekt, mit der Möglichkeit, in der Gemeinschaft mit andern und in der Liebe die Einsamkeit zu überwinden.

Die Taufe sagt das Offenbarungswort über die Geburt: Ich komme nicht aus der Sinnlosigkeit, und ich kehre nicht in die Sinnlosigkeit zurück: Ich komme von Gott, und ich kehre zurück zu ihm. Ich komme von ihm, um hineingenommen zu werden in das Leben und in den Tod seines Sohnes Jesus.

Als ich das Licht der Welt erblickte, war das kein Hineingeworfen-Werden in die Welt, keine Vertreibung. Vielmehr ist dieser Augenblick eine Geste der Liebe dessen, der mit mir Gemeinschaft haben und eine Beziehung der Liebe eingehen will. Der Mensch lebt als Person, wenn und in dem Maß, wie er geliebt ist. Die Taufe bescheinigt mir, dass die Liebe meiner Eltern, die mich gezeugt und angenommen haben, der Widerschein einer Liebe ist, die niemals enttäuschen wird: der Liebe Gottes.

In der Taufe wird mir gezeigt, dass ich Gottes Gegenüber bin und dass Gott mein Gegenüber ist, dass ich zu ihm gehöre und er zu mir – ähnlich wie Eva, die aus der Wunde Adams hervorging, sich als die von ihm Unterschiedene und zugleich ganz auf ihn Bezogene fühlt. In der Taufe erkenne ich an, dass ich aus der Liebeswunde des Gekreuzigten geboren bin, aus der Seite Jesu, des neuen, im Tod entschlafenen Adam.

Söhne und Töchter im Sohn

In der Taufe wird mir gesagt, dass ich Kind Gottes bin und dass eine unerschöpfliche Quelle des Lebens in mir sprudelt.

An allererster Stelle verdanke ich mein Leben nicht meinen Eltern; vielmehr sind sie Mittler der Liebe des Vaters aller Menschen. Aus der Erkenntnis, dass wir Söhne und Töchter Gottes sind, erwächst die Freiheit von allen verwandtschaftlichen und gesellschaftlichen Bindungen; diese Bande werden „relativiert“, bekommen ihre

Bedeutung durch das, was mich im Letzten bestimmt: dass ich Kind Gottes bin. In Christus, dem Sohn Gottes, gründet die Geschwisterlichkeit aller Menschen; alle sind unterschiedslos berufen, vor Gott zu stehen als seine Kinder.

Mit der Taufe beginnt ein Weg, der ausgerichtet ist auf das ganze Leben eines Menschen. Wie man geboren wird, um zu leben, so wird man getauft, um immer tiefer in die Freiheit der Liebe zu Gott und den Menschen einzutauchen. Bei der physischen Geburt verlässt das Kind den Mutterschoß, wird in die Welt hineingestellt und ihr anheimgegeben; in der Taufe wird der Mensch dem Geist Gottes übergeben, um schon hier auf Erden das Leben des Gottessohnes zu leben und teilzuhaben an der mannigfaltigen Frucht des Geistes (vgl. Gal 5,22).

Für die Erwachsenen oder für die Kinder?

Wenn wir die Taufe als Weg verstehen, den man gehen will, ist sie gewiss eine Sache der Erwachsenen, die ihr Ja sagen und selbstständig entscheiden. Wenn wir hingegen die Gnade der Taufe betrachten, gibt es keinen Zweifel, dass ein neu geborenes Kind die ganze Liebe empfangen kann, die Gott ihm schenken will. In der Taufe wird das Kind als frei proklamiert, geboren aus der Liebe, fähig zur Beziehung mit Gott dem Vater und mit den Brüdern und Schwestern. Wenn es später diese großartige Wirklichkeit erkennt, kann es sie mit seinem gereiften Bewusstsein „einholen".

Die gemeinschaftliche Dimension

Die Taufe ist keine Privatangelegenheit. Geborenwerden beinhaltet das Eintauchen in die Welt der Beziehungen, die Leben erst ermöglichen. Entsprechend ist die Taufe die Eingliederung in die Gemeinschaft der Kinder des Vaters, die von seinem Geist beseelt sind.

Gesten und Symbole

Der Taufritus feiert in Zeichenhandlungen und Worten, mit einfachen, konkreten Symbolen, was ich oben darzulegen versuchte. Jeder ist eingeladen, diese Handlungen und Symbole aufs Neue zu betrachten; ein guter Anlass dazu kann die Taufe eines lieben Menschen sein.

„Welchen Namen haben Sie dem Kind gegeben?" – Einem Kind einen Namen geben heißt, es als in sich wertvoll anerkennen, als ein Geschöpf, das die gleiche Würde hat wie wir. Jemanden beim Namen rufen heißt, sich bewusst werden, dass wir Subjekte sind, die miteinander in Beziehung stehen. Wie schön ist es, inmitten einer anonymen Menschenmenge zu erleben, wie jemand uns

beim Namen ruft: Da haben wir die Gewissheit, dass jemand uns persönlich kennt, dass jemand da ist für *mich,* dass jemand mir hilft, als Person zu existieren.

Der Name ist ein Abglanz des göttlichen Namens, eine Teilhabe an der göttlichen Herrlichkeit.

Wenn ich den Namen eines Heiligen trage, bindet mich dies zudem an seine besondere Geschichte; es ist wie eine Zertifikat meiner Zugehörigkeit zur Gemeinschaft der Heiligen.

Exorzismusgebet und Salbung mit Katechumenenöl. Mit unserem Namen sind wir von Anfang an eingebunden in eine Geschichte, die auch von Misstrauen, Kommunikationsunfähigkeit, Ängsten, Egoismen und Aggressivität geprägt ist. In der Taufe empfangen wir die Gewissheit, dass wir uns gegen diese Verstrickungen verteidigen und uns aus ihnen lösen können. Das Exorzismusgebet macht uns bereit, das Böse durch das Gute zu besiegen und dem Negativen zu entsagen.

Die Salbung mit Katechumenenöl lässt an das Öl denken, mit dem Athleten sich vor dem Wettkampf einreiben. Das Leben ist auch eine Art Kampf, ein Ringen, um zur vollen Freiheit der Kinder Gottes zu gelangen, eine allmähliche Befreiung des Leibes von allen Versklavungen.

Das Wasser der Taufe. Im Wasser untertauchen ist Symbol des Sterbens; wieder auftauchen heißt Atmen und Leben. Das Eintauchen ins Wasser der Taufe ist ein „Sterben", um zum neuen Leben des Geistes geboren zu werden. Wie das Volk Israel der Sklaverei in Ägypten entkam, indem es den Weg durch das Rote Meer wagte, so werden wir in der Taufe befreit von den Konditionierungen durch Idole aller Art, damit unser Leben immer mehr dem Leben Jesu entspricht.

Mit der Taufformel *„Ich taufe dich im Namen des Vaters und des Sohnes und des Heiligen Geistes"* werden wir eingetaucht in das Mysterium der Dreifaltigkeit, in die schöpferische und erlösende Macht Gottes; ihm werden wir geweiht.

Die *Salbung mit Chrisam,* dem Öl, mit dem die Könige, Priester und Propheten gesalbt wurden, besagt: Dieses neue Geschöpf ist *König,* keinem Menschen unterworfen; es ist Sohn, Tochter Gottes, nicht Knecht. Es ist *Priester* in voller Gemeinschaft mit dem Vater und mit dem obersten Priester Jesus Christus; durch die Gabe des Heiligen Geistes ist es befähigt zu einem wahren Gottesdienst. Es ist *Prophet;* das Wort Gottes ist in den Täufling hineingelegt; er ist dazu bestimmt, die Wahrheit kennen zu lernen und zu bezeugen.

Jedes pastorale, priesterliche und prophetische Amt in der Kirche ist Dienst an der Königswürde (der Freiheit), am Priestertum (der Heiligkeit) und am Prophetentum (der Wahrheit) aller Getauften. Denn sie alle und jeder Einzelne von ihnen haben daran teil.

Die *Übergabe der brennenden Kerze* ist ein Symbol für Christus, der Licht und Leben ist. Strahlendes neues Leben ist dem Neugetauften geschenkt: Sein Leib ist auf Erden ein Abglanz Gottes, gemäß dem Pauluswort: „Wir alle spiegeln mit enthülltem Angesicht die Herrlichkeit des Herrn wider und werden so in sein eigenes Bild verwandelt, von Herrlichkeit zu Herrlichkeit, durch den Geist des Herrn" (2 Kor 3,18). Wir sind berufen, Kinder des Lichtes zu sein, Licht der Welt.

Das *weiße Kleid* ist das sichtbare Bild unseres Leibes, der in der Taufe ein neues Geschöpf geworden ist, mit Christus bekleidet. Beim abschließenden *Effata-Ritus* werden die Ohren des Täuflings berührt, damit sie allzeit offen seien, das Wort Jesu zu vernehmen; die Lippen, damit sie dieses Wort aussprechen und den Glauben bekennen.

Wie in einem Samenkorn

Wenn ich geboren werde, ist mein ganzes Leben schon keimhaft, *in nuce*, in mir; doch es muss wachsen und sich entfalten.

Die Taufe ist der Keim, die DNA des neuen Lebens. Auch dieses Leben muss wachsen, es braucht Nahrung, es ist vor Verletzungen, Verkümmerungen und Erkrankungen zu schützen. Dazu dienen das Hören auf das Wort Gottes und die Sakramente, die unser leibliches Leben begleiten.

Das Wort des Wachsens: die Firmung

Das Wort des Wachsens spricht insbesondere die Firmung, jenes Sakrament, dass die Taufe bestätigt und besiegelt. Sinnvollerweise wird sie im Jugendalter gespendet.

In der Firmung bestätigt der Heilige Geist unsere Gotteskindschaft; er befähigt uns, die Frohe Botschaft der Welt zu verkünden; er gibt uns die Kraft und die Freude, inmitten einer oft gleichgültigen Gesellschaft mutig vom Auferstandenen zu sprechen. Durch ihn vermögen wir unseren Weg als Christen, der mit der Taufe begonnen hat, fortzusetzen.

Die Handauflegung, die zum Firmritus gehört, ist ein Segensgestus, mit dem uns ein Geschenk übergeben wird. Sie will sagen: Ich gebe dir teil an den Gaben des Heiligen Geistes, damit du dich jetzt, da du die außerordentliche Gnade der Taufe tiefer verstehst, verbindlich engagieren kannst, damit du dich in den Dienst der Schwestern und Brüder stellen kannst, so wie Christus in die Welt gekommen ist, um zu dienen, nicht um bedient zu werden.

Das Sakrament der Firmung befähigt, verantwortlich am Aufbau der christlichen Gemeinschaft mitzuwirken.

Das Wort des Neuwerdens: das Sakrament der Versöhnung

Ein anderes Wort, das unser Leben begleitet, ist das Sakrament der Versöhnung, die Beichte. Wir können sie als kontinuierliche Lebenstaufe verstehen; hierin liegt ihr großer Wert. Denn sie lässt uns neu in der Wahrheit des Gotteswortes leben, wenn wir davon abgewichen sind.

Die Sünde besteht darin, dass wir das Ziel, unsere endgültige Bestimmung aus den Augen verlieren und nicht mehr als die leben, die wir sind: Kinder Gottes. Wir trennen unseren Leib ab vom Leib Christi, des Herrn, der größten Liebesgabe.

Die Versöhnung ist das Wort, das uns erneuert und neues Leben schenkt.

Das Wort des Sich-Nährens: die Eucharistie

Unser Leib *ist* nicht das Leben, sondern *hat* Leben. Um dieses Leben zu erhalten, muss er Nahrung zu sich nehmen; die Nahrung ist – wie die Luft zum Atmen – lebensnotwendig.

Beim Essen kann man sich, salopp gesagt, „allein vor seinen Napf setzen", das Essen kann aber auch zum Mahl der Gemeinschaft werden. Die Kinder einer Familie setzen sich gewöhnlich gemeinsam zu Tisch: Als Geschwister gehören sie zusammen. Schon die erste Nahrung, die Muttermilch, ist Zeichen von Gemeinschaft: Sie zeigt die enge Gemeinschaft des Kindes mit der Mutter. Eine Speise, die nicht geteiltes Leben ist, vermag nicht wirklich zu sättigen.

Es heißt: Der Mensch ist, was er isst. Er assimiliert, was er in sich aufnimmt; und er wird zu dem, was er aufnimmt.

Man isst mit dem Mund, mit allen Sinnen, den Verbindungskanälen zur Welt, man isst mit dem Herzen und mit dem Verstand. Menschliches Essen hat immer auch mit Beziehung zu tun. Hängen nicht Krankheiten wie Magersucht und Bulimie manchmal auch mit Beziehungsstörungen zusammen?

Eucharistie als Nahrung

Während die materielle Speise von unserem Organismus aufgenommen und Teil von ihm wird, nimmt Jesus in der Eucharistie uns auf. Die Eucharistie führt den Menschen und seine Geschichte hinein in die Liebe der Kinder Gottes, die untereinander Geschwister sind. Jesus will uns umgestalten in sein Bild, uns hineinnehmen in seine Liebe, die er uns in seiner Hingabe am Kreuz geschenkt hat. So bekommt unser Leben durch die Eucharistie neuen Sinn; und zugleich versieht sie alles mit dem Wort des Danks [Eucharistie heißt Danksagung].

Wenn wir uns von der Eucharistie nähren, lernen wir auch, in jener Nüchternheit zu leben, die nicht Zeichen von Apathie ist, sondern aus der Liebe erwächst und auf die Liebe hingeordnet ist. Die Liebe ist Inhalt und Ziel unseres Lebens, sie ordnet unseren Hunger nach Nahrung, das Verlangen unserer Sinne, unseres Verstands und unseres Herzens.

Die Eucharistie ist so das Wort, das über der ganzen menschlichen Existenz steht: Die Welt der Notwendigkeiten und Bedürfnisse wird gewandelt in die Freiheit empfangener, geschenkter Liebe. Sie ist Lebensgemeinschaft mit *dem Sein* und mit allem Seienden, sie ist der Ort, wo das Geschaffene und die Geschichte vom sechsten zum siebten Tag der Schöpfung kommen, dorthin, wo Gott alles in allen wird.

Wegzehrung

In der Eucharistie feiern wir schon das Ziel, auf das alles zustrebt. Zugleich empfangen wir Nahrung für unseren Weg: für unser alltägliches Leben mit allem, was da hineingewoben ist, für unseren Leib und alles, was ihn ausmacht und was er tut. All das ist dazu berufen, von der Eucharistie durchdrungen zu werden.

Wie Jesus

Jesus hat uns aufgetragen, zu seinem Gedächtnis das zu tun, was er in der Hingabe seines Lebens für uns getan hat.

„Er nahm das Brot ..." – Brot ist Leben. Brot ist mehr als Getreide, mehr als ein Naturprodukt, es ist Frucht menschlicher Arbeit.

Jesus nahm das Brot: Es ist „sein Leib" für uns, mit allem, was er hatte, was er war und was ihn erwartete.

Auch ich muss nehmen, was ich habe, was ich bin und werde. Nicht wie Adam, der sich dessen bemächtigte, was er empfangen hatte, sondern wie Jesus, der Sohn, der alles empfängt, um es weiterzuschenken.

– *„Er erhob die Augen zum Himmel und sagte Lob und Dank ...“* – das heißt die Gabe als Gabe annehmen, den Blick auf die Quelle aller Gaben richten, sich über jede Gabe der Liebe freuen, die von diesem Geber kommt.

Jedes Stück Brot, jedes Fragment, alles noch so Unscheinbare ist Zeichen der grenzenlosen Liebe des Vaters. Als Kind Gottes lebe ich ganz aus der Gabe seines Heiligen Geistes.

– *„Er brach [das Brot] und gab es“*: Jesus, der Sohn, hat alles als Zeichen der Liebe des Vaters empfangen. Auf diese Liebe antwortet er mit seiner Liebe, mit seiner Hingabe bis zum Kreuz. Er *teilt* alles mit seinen Schwestern und Brüdern. Die Liebe, das ihm gegebene Leben, endet nicht bei ihm, sondern blüht neu auf: Als der Sohn, dem Vater gleich, gibt er die Liebe weiter an uns, an die Menschheit. Hier verwirklicht sich das Paulus-Wort: „Der Herr ist für den Leib da“ (1 Kor 6,13).

Proklamation der Erlösung

Wie oft habe ich den zwanzig Jahren bischöflichen Dienstes die Eucharistie gefeiert, habe an Fronleichnam die Monstranz mit dem konsekrierten Brot durch die Straßen der Stadt getragen!

Wie oft habe ich den eucharistischen Jesus in der Kontemplation betrachtet und einen Schauder verspürt; immer aufs Neue bin ich bewegt angesichts seiner Schwäche und Wehrlosigkeit!

Die Eucharistie ist Jesu Leben für uns; Jesus ist unser alles; er ist es, der uns das Antlitz des Vaters zeigt. Die Eucharistie macht uns eins in Christus; sie schafft das Fundament für jene Liebe, die Paulus in seinem Hohenlied besingt (1 Kor 13); sie ist die Proklamation der Erlösung, sie verkündigt die Liebe Gottes zur Menschheit, die in Jesu Tod und Auferstehung ihre ganze Macht erweist.

Die Botschaft jeder Messe

Nie werden wir mit dem Sprechen über die Eucharistie an ein Ende kommen; nie wird es uns gelingen, den ganzen Reichtum dieses Mysteriums auszudrücken. In jeder Feier der heiligen Messe treten wir in Kontakt mit dem großen Geheimnis Gottes.

Die Eucharistie ist eine Art beständiger Schule, in der wir immer neu lernen, unseren Leib als Tempel Gottes zu betrachten: von Gott genährt, bewohnt und verwandelt von Jesus. Sie ist der kostbare Ort, an dem unsere Leiblichkeit zu ihrer eigentlichen Dynamik findet.

Die Eucharistie ist eine wunderbare Botschaft

für den heutigen Menschen, der so oft versucht ist, sich einsam und verlassen zu fühlen, der Angst hat, andere an seinem Leben teilhaben zu lassen und sich scheut, sich für das Leben einzusetzen. In der Eucharistie sagt ihm Jesus:

Vertraue dich mir an; ich habe dir mein Leben geschenkt, bis in den Kreuzestod hinein. Vertraue dich mir an, der ich dich nähren will mit meinem Leib; dein Leib soll mir Wohnung sein. Ich will dein Leben teilen, möchte dich teilhaben lassen an meiner Auferstehung. Du musst dich nicht irritiert und verunsichert fühlen: Ich bin mit dir! Ich gebe deinem unruhigen Suchen Sinn, ich kann deine Traurigkeit in Freude wandeln, deine Einsamkeit in Gemeinschaft mit den Schwestern und Brüdern.

Den Leib des Herrn erkennen

Es ist eine große Gnade, den Leib des Herrn zu erkennen in den ärmlichen, schlichten Zeichen, in denen er sich zeigt.

Nicht nur in den sakramentalen Zeichen von Brot und Wein, sondern auch im Antlitz der Kleinsten, der Geringsten, der an den Rand Gedrängten.

Auch hinter den Grenzen unserer christlichen Gemeinden und Gemeinschaften, hinter den vielen schwierigen Situationen, mit denen uns das

Leben konfrontiert, hinter der Verzweiflung vieler Schwestern und Brüder.

An die Eucharistie glauben ist die Substanz des christlichen Glaubens, und Glauben heißt: in den sakramentalen Zeichen den Leib des Herrn erkennen, der uns nährt, damit wir unsere Augen öffnen für seine Nähe und Gegenwart.

Von hier aus verstehen wir auch, warum es gut ist, längere Zeit in eucharistischer Anbetung zu verweilen: Sie gibt unserem Geist Nahrung; sie hilft uns, Jesus und seine Gabe tiefer kennen zu lernen.

Die Frucht der Eucharistie

Die Frucht der Eucharistie ist die Liebe: eine Liebe, die das Leben für die anderen gibt. Die Eucharistie ver-gegenwärtigt Jesus, so dass wir ihn anbeten und in der Kommunion in uns aufnehmen können. Wer die Eucharistie empfängt, dessen Herz wird erfüllt von der Liebe, die bis zum Kreuz geht. Die Eucharistie schenkt uns den Heiligen Geist als die einigende, Gemeinschaft stiftende Kraft der Liebe, die zugleich nach außen drängt als Liebe zur ganzen Welt. Wie wir in der Firmung, die die Taufweihe vervollständigt, den Heiligen Geist als Kraft zum Zeugnis empfangen, so empfangen wir in der Eucharistie die Gabe des Geistes als Feuer der Liebe.

Priester werden ist eine Gabe von oben, wie die Eucharistie, wie das Wort Gottes, wie Jesus eine Gabe von oben sind.

Das spezifische „Wort" des Weihesakraments ist das des *priesterlichen Dienstes*. Die Gabe, welche die Priester empfangen, bestellt sie zur Weiterführung der Sendung Jesu. Sie sollen die Kirche lieben, wie er sie geliebt hat, sich verzehren für die Menschen, wie er sich für die Menschen verzehrt hat.

Die ordinierten Amtsträger stehen im Dienst an den Gläubigen. Sie sollen ihnen helfen, ein königliches, heiliges Volk zu sein, jener geistliche Tempel, dessen Fundament in der Taufe gelegt ist.

Dieser Dienst findet Ausdruck in der Verkündigung der Frohen Botschaft, in der Feier der Eucharistie, in der Spendung der Sakramente, in der Förderung der Nächstenliebe und auch im Beispiel des Bemühens um die persönliche Heiligung, im Lob- und Bittgebet. Die Gemeinden und Gemeinschaften sollen ja vom Wort Gottes und vom eucharistischen Leib Christi genährt werden und in Heiligkeit leben können.

Kirche gibt es nicht ohne das Wort Gottes, nicht ohne die Eucharistie, nicht ohne Sakramente. Es gibt die Kirche nicht ohne die Priester; und es gibt keine Priester ohne die Kirche, ohne die christlichen Gemeinden und Gemeinschaften.

Das Weihesakrament hält also den Leib der Kirche zusammen; es ist eine Gnade, um die wir den Herrn immer wieder bitten sollten.

Das Wort der Liebe zwischen Mann und Frau: das Ehesakrament

Wie die Taufe uns unsere Berufung erkennen lässt, in Christus Söhne und Töchter Gottes zu werden, so sagt uns das Ehesakrament das „Wort“ der Liebe, das Mann und Frau „ein Fleisch“ werden lässt. „Darum verlässt der Mann Vater und Mutter und bindet sich an seine Frau, und sie werden *ein* Fleisch“ (Gen 2,24).

Die Ehe in ihrem Wesenskern

Den Ursprung jeder Ehe finden wir in Gott selbst. Er hat die Ehe hervorgebracht, indem er Mann und Frau geschaffen und ihrem Herzen die Fähigkeit zu Liebe und Gemeinschaft, die auch Verantwortung bedeutet, eingeschrieben hat.

So ist die Ehe, von Anfang an von Gott gewollt, eine ursprüngliche, grundlegende, konstitutive Wirklichkeit. Sie hat zu tun mit dem umfassenden göttlichen Heilsplan: Einerseits lässt uns das Geheimnis der Schöpfung und des Bundes zwischen Gott und der Menschheit verstehen, welchen Wert die treue, gegenseitige Hingabe von Mann und Frau in der Ehe hat; andererseits können wir das Geheimnis der Schöpfung und des Bundes durch die eheliche Hingabe tiefer verstehen.

Die Gnade des Sakramentes

Als göttliche Einrichtung und als Sakrament gibt die Ehe den christlichen Brautleuten teil am Mysterium jener Treue, die Gottes Liebe auszeichnet. Sie macht sie zu Teilhabern am unwiderruflichen Willen des Herrn, sich der Menschheit mitzuteilen, und befähigt sie, einander zu lieben, wie Christus die Kirche geliebt hat und liebt.

Dies ist das „tiefe Geheimnis", von dem Paulus im Brief an die Epheser spricht (Eph 5,22-33). Es ist *Gnade*, Geschenk, Widerschein der Liebe Christi, ein Ihm-gleichförmig-Werden.

Kraft des Ehesakraments lässt der Heilige Geist, der in der Taufe gegeben wird, die Eheleute Christus immer ähnlicher werden. Er begleitet sie das ganze Leben hindurch, damit sie sichtbares, reales Zeichen der umfassenden, einzigartigen, fruchtbringenden Liebe Christi werden.

Ein Weg der Heiligung
Die christliche Ehe ist auf Jesus und das Reich Gottes hingeordnet. Sie ist für die Eheleute ein besonderer Weg der Heiligung, *ihr* Ort der Nachfolge Christi.

Diese „Relativierung" schmälert nicht den Wert der Ehe, im Gegenteil: Sie hilft den Partnern, sich für das zu öffnen, was endgültigen, absoluten Wert hat; sie führt sie auf den Weg zur Gemeinschaft mit Gott in Christus.

Eine täglich neu zu lebende Gabe
Das Ehesakrament ist eine Gabe, die es – von der Hochzeit an – jeden Tag neu zu entdecken und im Leben umzusetzen gilt. Ich habe im Lauf der Jahre viele christliche Eheleute kennen gelernt, die mir von ihren Erfahrungen erzählten. Und ich kann bezeugen, dass es möglich ist, in der Ehe die Erinnerung an die geschenkte Gnade lebendig zu halten.

Hilfreich sind das gemeinsame Gebet, besonders die sonntägliche Eucharistiefeier, aber auch das gemeinsame Treffen wichtiger Entscheidungen; selbst die Schwierigkeiten, die das eheliche Leben mit sich bringt, können sich als wertvoll erweisen. All dies hält in den Partnern das Bewusstsein wach, dass sie ein großes Geschenk empfangen haben, eine Kraft, eine Verheißung, ein Licht, das den Weg weist, eine Sendung, die sie trägt. Die Erinnerung an die geschenkte Gnade ist mitentscheidend, ob die Hoffnung eines Paares trägt, mit Gottes Hilfe dem Ja-Wort treu zu bleiben. Wenn sie aus diesem Geschenk leben, kann ihre Ehe ein Meisterwerk werden, das den Bund Gottes mit der Menschheit und die Vereinigung Christi mit der Kirche widerspiegelt.

„Nicht von Brot allein ..."

Oft kommt mir ein Vers des Buches Deuteronomium in den Sinn (Dtn 8,3), den auch Jesus zitiert: „Der Mensch lebt nicht nur von Brot, sondern von jedem Wort, das aus Gottes Mund kommt" (Mt 4,4) – ein aufschlussreiches Wort, das die verschiedenen Ebenen menschlicher Leiblichkeit angeht:

– die biologische Ebene, den Körper in seiner organischen Erscheinung, die Angewiesenheit auf Nahrung, die Sexualität, die Fortpflanzung;

– die personale Ebene: das Sich-Ernähren als Ausdruck gemeinsamen Lebens; die Freundschaft zwischen Mann und Frau, ihr Bund der Treue; die Erziehung der Kinder; die Familie als Zelle der Gesellschaft;

– schließlich die Ebene der (göttlichen) Gabe, der Gnade, die die beiden anderen Ebenen umgreift. Auf dieser Ebene kommt der Leib nicht nur in seiner typisch menschlichen Dimension in den Blick, sondern auch als ein vom Geist Gottes bewegter und geführter Leib. Seine Nahrung ist die Eucharistie: heilige Lebensgemeinschaft des Menschen mit Gott und der Menschen untereinander; die Sexualität in der Partnerschaft wird zum Sakrament: geistliche Gemeinschaft zwischen Mann und Frau in der Liebe und Freundschaft Christi, eine Zelle der Kirche, des großen Volks der Erlösten.

Wenn Jesus den Vers aufgreift, dass der Mensch nicht von Brot allein lebe, verbindet er die natürliche Ebene mit der Dynamik der Gnade.

Die Krise der Ehe

Wir erleben heute eine Besorgnis erregende Krise vieler Ehen, auch kirchlich geschlossener. Man muss sich dabei vergegenwärtigen, dass die Ehe ein Kristallisationspunkt ist, an dem alle Schwierigkeiten und die typischen Widersprüche der Gesellschaft, in der wir leben, zum Tragen kommen. Nichts kann als sicher vorausgesetzt werden, vieles ist gefährdet. Selbst die Zeit, die die Partner füreinander haben, wird von allerlei Sorgen und Nöten „belagert". Das kulturelle Umfeld und Zwänge, die durch die Arbeit gegeben sind, machen es ihnen nicht leichter. Von Gesetzes wegen ist es ja längst möglich, sich scheiden zu lassen. Und es entspricht der gängigen Mentalität, keine dauerhaften, definitiven Entscheidungen zu treffen, sondern nur noch Entscheidungen „auf Zeit".

Die Krise überwinden

Die Ehe kann Bestand haben, wenn sie auf einer klugen, tiefen Liebe gründet, die auch darauf bedacht ist, dass die Rahmenbedingungen stimmen.

Notwendig sind eine entschiedene Erziehung zur Freiheit und eine bewusste Aszese, um eine Trennung zu vermeiden. Die Ehepartner brauchen Zeit füreinander, Augenblicke der Ruhe und des vertraulichen Beisammenseins, damit ihre Einheit und Gemeinschaft wachsen kann. Sie brauchen Zeit, um einander anzuhören und zu verstehen, Zeit zur Auseinandersetzung und zum Dialog; Zeit, um einander respektieren zu lernen und ihre Erfahrungen miteinander zu teilen. Sie brauchen auch die Unterstützung durch andere Familien, und es ist gut, wenn sie sich in einer Gruppe mit andern treffen, die ihre christliche Sicht der Ehe teilen.

Fruchtbarkeit

Die Fruchtbarkeit der Ehe ist Teilhabe am Geheimnis Gottes als der Quelle des Lebens – in sich und nach außen –, Teilhabe am Mysterium der dreifaltigen Liebe.

Kinder zu haben galt einmal als Segen, auch in wirtschaftlicher Hinsicht. Doch die eigentliche Bedeutung ist etwas anderes: Ein Kind bezeugt die Fruchtbarkeit der Liebe zweier Menschen; aus ihrer Liebe geht ein neues, ein anderes Leben hervor, neue Liebe. Für die Entwicklung des Kindes ist es wichtig, dass die Eltern in dieser sich schenkenden Liebe, deren Frucht es ist, bleiben.

Eine gewollt unfruchtbare Liebe ist keine echte Liebe, sondern eher Egoismus zu zweit. In der westlichen Welt aber konstatieren wir eine zunehmende gewollte Sterilität, eine wachsende Angst, einem Kind das Leben zu schenken. In diesem Kontext ist es eine dringliche Aufgabe, die Bedeutung der verantworteten Elternschaft neu zu entdecken.

Manchmal scheint es, als gebe es immer weniger Sinn für Menschlichkeit. Die Fruchtbarkeit der Liebe spricht eine andere Sprache. Und sie gibt jene Hoffnung für die Zukunft, die wir brauchen, um gelassen und mutig die Gegenwart zu leben.

Ort der Weitergabe von Werten

Die Familie ist der erste Ort, wo Werte gelebt und weitergegeben werden. Es reicht nicht, den Kindern Brot und Bildung zu geben; die Kinder brauchen Liebe, sie fragen nach dem Sinn von Werten und wollen sehen, wie man als frohe, gelöste Menschen leben kann.

Sich der Herausforderung stellen

Die „Heiligkeit" der Ehe zu leben ist in der heutigen Zeit gewiss schwieriger, aber wo etwas davon aufscheint, fällt es umso mehr in den Blick.

Ich möchte, wie schon oft, die christlichen Ehepartner einladen, die Herausforderung anzunehmen und zu beweisen, dass die echte eheliche Liebe – eine Liebe, die sichtbares Zeichen der Liebe Gottes zu den Menschen ist – nicht nur etwas Schönes ist, sondern dass sie *lebbar* ist, auch in einer tendenziell permissiven Gesellschaft, die die Einzelnen oft isoliert. Es geht um eine Art prophetischer Provokation, um das Zeugnis, dass es Gültiges, Bleibendes gibt, einen Bund der Liebe, der stärker ist als jedes andere Band, weil er ein Strahl Gottes, der ewigen Sonne, ist.

Das Charisma der Jungfräulichkeit

Ein jungfräuliches oder zölibatäres Leben um des Gottesreiches willen ist möglich, wenn Gott einem Menschen diese Gabe, die vielen anderen zugute kommen soll, schenkt. Darin verwirklicht sich auf besondere Weise die endgültige Bestimmung des menschlichen Leibes: für den Herrn da zu sein (vgl. 1 Kor 6,13). In diesem Sinne ist die Jungfräulichkeit eine Vorwegnahme der endgültigen, kommenden Welt.

Ein solches „Dasein für den Herrn" in der Form eines jungfräulichen Lebens kann auch den Ehepartnern etwas sagen. Es verweist sie auf die Bedeutung der christlichen Ehe: sich, seinen Leib zu schenken in der Freiheit dienender Liebe. Die Jungfräulichkeit verkörpert die Dynamik der Gnade, die auch die Ehe prägt und prägen soll: das Ja zu Christus als dem alleinigen Herrn, die immer größere, leidenschaftliche Liebe zu Jesus.

Aus dieser Warte ist das Charisma der Jungfräulichkeit wichtig für die Kirche – als Hilfe und Ansporn für die Ehepartner, füreinander da zu sein und entsprechend ihrer Berufung ihren gemeinsamen Weg zu gehen. Umgekehrt zeigt die Ehe, wie die Jungfräulichkeit gelebt werden will: als Liebe, die das ganze Leben einschließt; als Liebe aus ganzem Herzen, mit ganzer Kraft und ganzem

Verstand; als Liebe, die freudig dient und sich schenkt.

Ein jungfräuliches Leben ist nicht so sehr Verzicht, im Gegenteil: Es ist ein Leben in einer tiefen, „bräutlichen" Beziehung zu Jesus. Es ist eine frei gewählte gegenseitige Beziehung, ein Bei-Jesus-Sein. Die Jungfräulichkeit verweist auf das Geheimnis des Personseins: Mensch sind wir nur in Beziehung. Mehr noch, sie gibt eine schattenhafte Vorstellung vom Mysterium der Dreifaltigkeit: Der Vater ist der, der in Beziehung zum Sohn steht; der Sohn ist der, der in Beziehung zum Vater steht; der Heilige Geist ist der, der mit dem Vater und dem Sohn in Beziehung steht.

Es ist ein Geschenk des Heiligen Geistes, wenn jemand von innen her den Wert der Jungfräulichkeit versteht und dieses Leben wählt. Es ist nicht die Frucht irgendwelcher Überlegungen. Jesus sagt, nur die könnten es erfassen, „denen es gegeben ist. Denn es ist so: Manche sind von Geburt an zur Ehe unfähig, manche sind von den Menschen dazu gemacht, und manche haben sich selbst dazu gemacht – um des Himmelreiches willen. Wer das erfassen kann, der erfasse es" (Mt 19,11f).

Eine Analyse der Anfangskapitel des Buches Genesis könnte den Schluss nahe legen, dass in der göttlichen Schöpfungsordnung die Ehe die einzig mögliche Lebensform ist. „Als Abbild Gottes schuf er ihn; als Mann und Frau schuf er sie“, heißt es in Gen 1,27. Im Blick auf Jesus, der uns offenbart hat, wie der Mensch letztendlich vor Gott steht und wie er ihm am meisten ähnlich wird, erschließt sich uns diese Stelle neu: Wir können sie auch als Hinweis auf die vitale Dynamik der Jungfräulichkeit verstehen.

Ein eheloses Leben um des Himmelreiches willen ist eine Entscheidung für die Einsamkeit mit Christus, dem gekreuzigten Bräutigam. Es ist der Heilige Geist, der einem Menschen die Gnade schenkt, sich in ganz besonderer Weise an ihn, den Erlöser zu binden – so, dass es das ganze Leben erfüllt.

Ein solches Zeugnis eines erfüllten Lebens, das jungfräulich lebende Menschen geben können, ist etwas sehr Kostbares. Für die Eheleute kann es ein Hinweis auf den tiefen Sinn auch der Ehe sein. Für diejenigen, die aufgrund naturgegebener oder sonstiger Umstände keinen Lebenspartner gefunden haben, ist es ein Zeichen, dass sinnvolles, verwirklichtes Leben auch da möglich ist, wo sich nicht alle Pläne erfüllt haben.

Paulus schreibt im 1. Korintherbrief: „Die Zeit ist kurz. ... Die Gestalt dieser Welt vergeht“ (1 Kor 7,29.31). Diese Stelle berührt mich jedes Mal, wenn ich sie lese. Sie lässt mich immer wieder neu verstehen, dass *die Liebe* allen gilt, dass alle zur Liebe berufen sind, dass die Liebe in Ewigkeit bleibt! Wenn ich daran denke, verspüre ich große Freude.

Die Jungfräulichkeit verweist uns auf das, was bleibt; sie kündet von der künftigen Auferstehung und der Herrlichkeit des Himmelreichs. Darum gehört sie ins Herz der Kirche, ins Herz der Menschheit. Sie macht sich den geheimnisvollen Ruf zu eigen, die eindringliche Bitte: „Maranatha – Komm, Herr Jesus" (Offb 22,20).

Das Wort, das der Krankheit Sinn gibt: die Krankensalbung

Das Sakrament der Krankensalbung ist nicht, wie man oft meint, in erster Linie für die Sterbenden bestimmt, sondern *für alle, die ernsthaft erkrankt sind.*

Die Gebrochenheit des Leibes

Eine Krankheit ist eine einschneidende Erfahrung, die den Leib unmittelbar trifft und allem widerspricht, wozu er – wie wir meinten – da ist.

In der Kommunikation, im Lieben, im Essen finden wir Befriedigung: Bedürfnisse oder Wünsche werden gestillt; dem Verlangen entspricht die Erfüllung. In der Krankheit hingegen geschieht ein Bruch: Sie widerspricht dem, wonach wir uns sehnen, macht unsere Wünsche zunichte.

In der Krankheit erfahren wir Unbehagen, Grenzen, Scheitern; sie durchbricht die als gut und richtig empfundene Lebensordnung.

Darum sucht der kranke Mensch nicht nur ärztliche Hilfe, sondern auch Beistand und Trost, Menschen, die an seiner Seite stehen und ihm helfen können, den Sinn seiner Lage zu verstehen.

Die Gnade des Auferstandenen

Die Krankensalbung bezeichnet und vermittelt die Gnade des Auferstandenen; sie will mir sagen: Christus selbst macht sich meinen kranken Leib zu eigen; er erleichtert die Last des Leidens; er will mich innerlich und physisch heilen und stärken; er gibt mir Kraft und Trost; er hüllt meine Sünden in seine Liebe und Barmherzigkeit; er lässt mich den Sinn des Schmerzes im Licht seiner Passion verstehen, mit der ich mich vereine.

In diesem Sakrament führt Jesus weiter, was er in seinem irdischen Leben an den Kranken getan und seinen Jüngern aufgetragen hat: „Heilt die Kranken ... und sagt ihnen: Das Reich Gottes ist euch nahe“ (Lk 10,9).

Die Antwort des Glaubens

Die Krankensalbung ist keine magische Handlung. Wie jedes andere Sakrament verlangt sie den Glauben.

Wenn sich der Kranke der Macht des Herrn anvertraut, vermag er auch die Ängste und Versuchungen zu bestehen, die jeden Leidenden befallen. Er wird gelöster und kann den inneren Frieden wieder finden; er wird ermutigt, auf Genesung zu hoffen und zugleich bereit zu sein, alles anzunehmen, was immer kommen mag.

Dem „dies natalis" entgegengehen

Die Krankensalbung bereitet auch auf den – nahen oder fernen – Tod vor. Das ist zwar nicht ihre unmittelbare Absicht, aber es liegt im Wesen dieses Sakraments, da eine Krankheit, besonders eine ernste, eine Art Vorankündigung des Todes ist.

Ich wünsche mir, dass uns der Heilige Geist, der uns in der Krankensalbung geschenkt wird, hilft, den Tod als das zu verstehen, was er in Wahrheit ist: endgültige Vollendung der Taufe, Eintritt in das Leben in Fülle.

Jesus ist der erste, der sein Sterben als Geste der Gemeinschaft gelebt hat: Er gibt sich in die Hand der Menschen wie in die Hand seines Vaters. Als für ihn alles zu Ende geht, lenkt er den

Blick auf die anderen und auf Gott und gibt sich ihnen anheim. Der Leib Jesu inkarniert das Wort der Liebe selbst im Tod.

In der vielfältigen Gebrochenheit unseres Leibes wird der Tod gewissermaßen vorweggenommen. Vergessen wir nicht, dass er nicht Endpunkt, sondern Durchgang ist. Er ist die Engstelle, die zur Geburt des „neuen Menschen" führt, er ist der *dies natalis*, der Tag der Geburt. Im Tod findet unser Leib seine Bestimmung, er verwirklicht sein „Wort": das Wort des Sohnes, in dem und auf den hin er geschaffen ist.

So ist die Krankheit Offenbarung des Menschlichen, der Tod aber Offenbarung des Göttlichen.

Die Auferstehung des Leibes

„Die Auferstehung Christi ist dem ersten Ausbruch eines Vulkans vergleichbar. Sie zeigt, dass im Innern der Welt bereits das Feuer Gottes brennt, der alles in die Glut seines Lichtes führen wird."
(Karl Rahner)

Nichts ist tröstlicher als das Wissen, dass unser Leib auferstehen wird, dass der Tod und die Trennung von den uns lieben Menschen nicht das letzte Wort haben.

Die Ursehnsucht

Der Mensch, lateinisch *homo,* ist *Humus,* er stammt von der Erde und kehrt zur Erde zurück. Er ist sterblich und weiß es: Dies zeichnet ihn als Menschen aus.

Er kehrt zur Erde zurück wie der Same einer Pflanze; er kehrt dorthin zurück, von wo er gekommen ist als Verheißung des Lebens.

Auferstehung ist nicht die Wiederbelebung eines Leichnams, die Rückkehr eines Toten ins doch wieder vergängliche Dasein. Auferstehung ist vielmehr die Fülle von Glück und Leben (ohne Leben kein Glück!), wonach wir immer schon verlangen.

Die Auferstehung ist die Erfüllung unserer Ursehnsucht: zu werden wie Gott (vgl. Gen 3,5). Aber es ist eine geläuterte Sehnsucht; Gott selbst hat sie verwandelt und in Christus verwirklicht.

Unsere Kultur gleicht einer Maschinerie, die darauf hinzielt, Grenzen hinauszuschieben und von Beschränkungen zu befreien. Im Innersten verspürt der Mensch das drängende Verlangen, auch die letzte Grenze zu überwinden, um sich einer von der Erblast des Todes befreiten Existenz zu erfreuen.

Der Beginn der universalen Auferstehung

Die Auferstehung, die in der Mitte des christlichen Glaubens steht, betrifft auch und gerade den *Leib*.

Der Glaube an die Auferstehung gründet in der Erfahrung des auferstandenen Jesus. Seine und unsere Auferstehung sind eng miteinander verbunden; die eine wäre nicht ohne die andere. Denn Jesus ist auferstanden *für uns*; seine Auferstehung ist der Beginn der universalen Auferstehung der Toten.

Die ganze Geschichte ist ein mühsamer, schmerzlicher Prozess, aus dem die neue Schöpfung hervorgeht. Die Schöpfung „seufzt und liegt in Geburtswehen"; sie „wartet sehnsüchtig" auf das Offenbarwerden der Herrlichkeit der Kinder Gottes bei der Auferstehung des Leibes (vgl. Röm 8,19-24).

Der Auferstehungsglaube hat nichts zu tun mit Reinkarnations-Vorstellungen. Die Reinkarnationslehre kennt ja keine endgültige Auferstehung des Leibes: Der Leib gilt als Last, von der man frei werden will.

Der Ostermorgen

Am Ostermorgen ist Christus, das Haupt, zum Licht gekommen. Sein Leib – und das sind wir – wird folgen. Christus ist der erste, der ein Leben geführt hat, das über den Tod hinausgeht; er ist der Erstgeborene vieler Brüder und Schwestern, der Erstgeborene derer, die von den Toten auferstehen.

In der Auferstehung teilt sich Gottes Schönheit dem Menschen mit – und im Menschen der ganzen Schöpfung: Es wird einen neuen Himmel und eine neue Erde geben (vgl. Jes 65,17); alles ist eingetaucht in den Glanz eines ewigen Morgens, der keinen Sonnenuntergang kennt, in einen nie versiegenden Freudenstrom.

Dann endlich kommt der ruhelose Mensch, der „nichts Neues unter der Sonne" entdeckt, wie Kohelet schreibt (Koh 1,9), ans Ziel seiner langen Suche: Er findet, was kein Auge je gesehen, was kein Ohr je gehört hat, das „Neue", nach dem er sich zeitlebens gesehnt hat. Es ist eine „Vision", die jedes Vorstellungsvermögen übersteigt, und doch ist es der verborgene Traum unseres Herzens.

Hier und heute

Etwas Wichtiges bleibt zu ergänzen: Die Ewigkeit, das neue, endgültige Leben, ist mit dem Tod und der Auferstehung Jesu bereits in unseren Erfahrungshorizont getreten.

Hier und heute haben wir Anteil daran: in der Unzerstörbarkeit aller Handlungen der Liebe und Treue, in Gesten der Vergebung, in Zeichen der Freundschaft, in ehrlichen, redlichen Taten, in allem, was Ausdruck verantwortlicher Freiheit ist. In diesen Handlungen überwinden wir auf geheimnisvolle Weise die Zeit. Wir berühren die Ewigkeit – in dem Maß, wie wir uns dem auferstandenen Gekreuzigten anvertrauen.

Wie wohltuend ist der Gedanke, dass die beklemmende Enge der Zeit, die begrenzte Geschichte unseres Leibes aufgebrochen und befreit werden kann durch konkrete Zeichen der Hingabe. Wir dürfen wissen, dass sie endgültigen Wert haben, dass sie „aufgehoben“ sind im auferstandenen Christus und für immer hineingenommen sind in die Fülle seines Lebens!

Wie wohltuend ist der Gedanke, dass jedes Wort, das wir im Gebet sprechen, in die Ewigkeit dringt und ein „Baustein“ der unvergänglichen Wohnung im Haus des Vaters sein wird.

Wir sind nicht imstande, uns von der Auferstehung unseres Leibes ein Bild zu machen, wie wir uns auch vom Licht und Leben, von der Vernunft und der Liebe keine Vorstellung machen können. Und doch wissen wir, dass dort nicht nur unsere Vorstellungen entspringen, sondern auch jede vorgestellte Wirklichkeit. Darum *sprechen* wir davon – als demjenigen, was unserem Menschsein Sinn gibt. Im *Wort* teilt sich uns das Geheimnis mit.

Wir leben aus dem „Wort", das uns eingeschrieben ist und auf das hin wir geschaffen sind. Es prägt uns, wir *werden* zu diesem Wort.

Analogien aus der Natur können uns das veranschaulichen: Besteht nicht die Pflanze aus Elementen der Erde und der Luft, zusammengefügt nach einem genetischen Code, dem vitalen „Wort", das im Samen enthalten ist? Aus der toten Erde keimt eine lebendige Pflanze, die das Leben des Samenkorns in sich hat.

Besteht das Tier nicht aus Elementen, die es zu sich nimmt, „geformt" nach dem einem besonderen genetischen Code?

Und setzt sich nicht auch der menschliche Organismus aus dem zusammen, was er aufnimmt und was dann entsprechend dem Code, der ihm Leben gibt, umgewandelt wird?

Der prägende Code des göttlichen Lebens in uns ist die Liebe. Wenn ich Gottes Wort höre, werde ich nach und nach umgestaltet, verwandelt in ihn. Mit der Auferstehung des Leibes werde ich an seinem Leben teilhaben.

Mein Leib ist also nicht bloß ein Mittel, um das Wort zu hören und zu sagen. Das *Wort* gibt ihm vielmehr sein göttliches Leben.

„Das Wort ist Fleisch geworden" (Joh 1,14)

Es ist *mein irdischer Leib*, der in der Auferstehung den Geist Gottes als Lebensprinzip empfängt und ganz von ihm durchdrungen wird. Da Christus, das ewige Wort des Vaters, Mensch geworden, gestorben und auferstanden ist, darf ich glauben, dass auch mein Leib vergöttlicht werden wird. Die Menschwerdung des Gottessohnes verheißt uns, dass unser sterblicher Leib zur Auferstehung bestimmt ist. Christus sagt uns: „Ich bin die Auferstehung und das Leben. Wer an mich glaubt, wird leben, auch wenn er stirbt, und jeder, der lebt und an mich glaubt, wird auf ewig nicht sterben" (Joh 11,25f). Und im Blick auf die Eucharistie sagt er: „Wer mein Fleisch isst und mein Blut trinkt, hat das ewige Leben, und ich werde ihn auferwecken am Letzten Tag" (Joh 6,54).

Die Verklärung Jesu

Die Erzählung von der Verklärung Jesu kann uns helfen, die Bestimmung unseres Leibes tiefer zu verstehen.

Der Evangelist Lukas wusste nicht, wie er die Herrlichkeit des verklärten Leibes Jesu in Worte fassen sollte; er schreibt, dass Jesu Gewand hell wie der Blitz wurde, und „das Aussehen seines Gesichtes veränderte sich" (Lk 9,29). Es war „anders", es erstrahlte in einer anderen Schönheit als alles, was wir kennen: in der Schönheit Gottes, des Heiligen.

Beachten wir, dass die Erzählung mitten im irdischen Leben Jesu spielt. Schon da offenbart der Leib Jesu seine verborgene Herrlichkeit. Es ist ein Vorgriff auf das Finale, ein Widerschein der Herrlichkeit, die sich in der Auferstehung manifestiert. Das göttliche Licht schenkt sich dem Leib nicht erst am Zielpunkt des Weges. Das ganze Leben ist ein Weg zunehmender „Erleuchtung"; Gottes Licht will unsere alltägliche Existenz Tag für Tag mehr prägen.

Eine Stimme vom Himmel sagt uns, wie wir uns vom göttlichen Licht durchdringen lassen können: „Auf ihn sollt ihr hören" (Lk 9,35).

Im Hören auf Jesus, das menschgewordene Wort Gottes, der das Gebot der Liebe in Fülle gelebt hat, bekommen wir Anteil an seiner Herrlichkeit.

Wir sind auf der Suche nach Gott, möchten das Antlitz des Vaters schauen, das unser Antlitz „verklären" kann und das doch kein Mensch zu sehen vermag. Dieses Antlitz leuchtet uns auf im Antlitz des Sohnes – und in jedem, der auf ihn hört und sein Bruder, seine Schwester wird.

„Die Stunde kommt, und sie ist schon da", schreibt der Evangelist Johannes, „in der die Toten die Stimme des Sohnes Gottes hören werden; und alle, die sie hören, werden leben" (Joh 5,24). Und im 1. Johannesbrief heißt es: „Wir wissen, dass wir aus dem Tod in das Leben hinübergegangen sind, weil wir die Brüder lieben" (1 Joh 3,14). – Das ewige Leben, das einmal in seiner ganzen Fülle anbrechen wird, ist uns jetzt schon geschenkt: In der *Qualität des Lebens* derer, die auf das Wort des Sohnes hören und als seine Schwestern und Brüder leben. Aus einer solchen Erfahrung heraus konnte Paulus schreiben: „Wir alle spiegeln mit enthülltem Angesicht die Herrlichkeit des Herrn wider und werden so in sein eigenes Bild verwandelt, von Herrlichkeit zu Herrlichkeit, durch den Geist des Herrn" (2 Kor 3,18).

Eine Wahrheit, die uns bestärken kann

Bei meiner Geburt habe ich ein bestimmtes Antlitz: Es ist mir mitgegeben, ich habe es geerbt. Wenn ich größer geworden bin, trägt es auch die Züge, die ich selber ihm gegeben habe: Es spiegelt wider, was ich daraus gemacht habe.

Im Gesicht eines Menschen zeigen sich Spuren seiner Erfahrungen, schmerzlicher und froher, Erfahrungen von Knechtschaft und Freiheit, von Egoismus und Liebe. Sein Gesicht spiegelt etwas von dem Dunkel und von dem Licht, das er durch sein Reden verbreitet und denen er in seinem Herzen Raum gegeben hat.

Es tröstet und ermutigt, wenn uns aufgeht, dass unser Leben ein Prozess der Verklärung ist, in dem wir nach und nach in das Bild des Sohnes Gottes umgestaltet werden.

Zwei Fresken Giottos

Einiges von dem, was uns in der Erzählung von der Verklärung Jesu gesagt wird, finden wir in zwei ausdrucksstarken Fresken Giottos. Es sind Ikonen, die den Horizont auf etwas öffnen, was sich nicht in Worte fassen lässt und alle Vorstellungen übersteigt.

Giotto, Der Judaskuss (Detail),
Cappella degli Scrovegni, Padua

Die Gefangennahme Jesu

In der Cappella degli Scrovegni, einer wahren Perle christlicher Kunst, befindet sich auf der unteren rechten Seitenwand, etwa in der Mitte des Schiffes, ein Fresko, das den festgenommenen Jesus nach der langen, im Gebet zugebrachten Nacht zeigt.

Der düstere Himmel wird von Stöcken und Lanzen durchbrochen; zwei Fackeln geben kein Licht. In der Mitte des Freskos, vor schwarzem Hintergrund mit gesichtslosen Köpfen: ein Kuss, der Kuss des Judas. Sein Mantel umhüllt Jesus; man ahnt, dass Judas ihn umarmt. Der Kuss ist das verabredete Zeichen, das den verrät, der festgenommen und getötet werden soll. Vor dem bewegten Hintergrund und dem Menschengetümmel treten die beiden Körper in der Bildmitte umso deutlicher hervor: starr, verbunden in tödlicher Umarmung.

Maria aus Magdala begegnet Jesus

Gegenüber, auf der linken Wand, ein anderes Fresko: Maria aus Magdala mit dem auferstandenen Christus.

Der klare Himmel, in geheimnisvolles Blau getaucht, wird unten von einem scharfen Horizont mit Pflanzen und Sträuchern begrenzt. Links das Grab, in das der Judas-Kuss Jesus gebracht hat. Es

Giotto, Noli me tangere (Detail),
Cappella degli Scrovegni, Padua

ist leer. Zwei Engel, oben sitzend, weisen auf Jesus; unten schlafen die Wachen wie tot.

Im Zentrum Maria aus Magdala: Sie kehrt dem Grab den Rücken, ist ganz hingestreckt auf Jesus, der aus ihren offenen Armen zu kommen scheint. Sie ist in Rot gekleidet, er in Weiß und Gold, wie die aufgehende Morgensonne.

Alles andere vermittelt statische Ruhe: der Himmel, der Horizont, die Pflanzen und das Grab, die schlafenden Wächer und der stille Fingerzeig der Engel – alles lässt umso deutlicher die Dynamik der Begegnung hervortreten.

Zwei gegenläufige Bewegungen

Der Auferstandene bewegt sich in zwei verschiedene Richtungen: auf Maria hin, gleichsam als wollte er sie vom Grab weg- und zu sich hinziehen; zugleich die gegenläufige Bewegung, als wolle er sie aus dem Bild selbst, aus seinem Rahmen herausführen in einen grenzenlosen Horizont. Von dort scheint ein Wind herüberzuwehen, der das weiße Banner bewegt, das im heiteren Himmel weht.

Die zweifache Bewegung – hin zum Grab und hinein in die grenzenlose Weite – symbolisiert das doppelte Schicksal des menschlichen Leibes: Ihm sind die Wörter Tod und Leben eingeschrieben.

Das zweite hebt das erste nicht auf; das Leben *folgt* dem Tod.

Die Fresken Giottos stellen uns die beiden Formen vor Augen, wie wir mit dem Leib des anderen und mit Gott, *dem Anderen*, in Beziehung treten können: Entweder versuchen wir, den anderen zu vereinnahmen und beseite zu schaffen, oder wir öffnen uns auf ihn hin, um ihn aufzunehmen und uns zum Licht führen zu lassen.

Mein Name

Mir scheint, dass Giotto sich vom Johannesevangelium hat inspirieren lassen. Dort sind die beiden Szenen – der Judaskuss und die Begegnung der Maria aus Magdala mit Jesus – verbunden durch eine Frage, die Jesus an die den Judas begleitenden Soldaten richtet und dann an die weinende Frau am Grab: „Wen sucht ihr?"; „Wen suchst du?" (Joh 18,4.7; 20,15).

Maria weinte, weil sie den Leib Jesu nicht fand. Als sich der Auferstandene ihr offenbart, kommt es zur Begegnung. Auch zuvor war er da, aber sie erkannte ihn nicht, obwohl sie Jesus doch kannte! Sie hatte gemeint, es sei der Gärtner.

Sie erkennt in ihm den, den sie suchte, als ein Wort über seine Lippen kommt: ihr Name, „Maria!“. Da erkennt sie den Geliebten ihres Herzens, der ihr Leben ist; sie wird dem Dunkel entrissen und mit ihm zum Licht geführt, in eine Wirklichkeit, die alle Vorstellung übersteigt.

Jesus spricht ein einziges Wort – und sie wird ganz verwandelt; ihre Trauer wandelt sich in Ekstase.

Verklärung geschieht, wenn der Andere, der mich von Ewigkeit her liebt, mich beim Namen ruft und mir sagt, wer ich bin. So finde ich meine Identität.

Mein Name ist mir von einem anderen gegeben; letztlich von Gott. Es genügt, dass er mich beim Namen ruft: Damit sagt er, wer ich bin und wer er ist.

Wir gehören ganz dem Leben, dem göttlichen Leben, und dieses Leben gehört uns: Das ist Sieg über den Tod, Auferstehung.

Epilog

In Männern und Frauen, die geschwisterlich als Kinder Gottes leben, verwirklicht sich der Traum Gottes, der sich nicht in Worte fassen lässt.

Gott hat, überraschend und über alle menschliche Hoffnung hinaus, sich uns geschenkt in Jesus; er liebt und vergibt uns ohne Vorbedingungen, gratis. Sein „Traum“ ist, dass alles zurückkehre zur Dreifaltigkeit, von der alles ausgeht und auf die alles zustrebt.

Es ist der Traum, der der Schöpfung eingeschrieben ist: dass nichts verloren gehe von dem, was gut, schön, erstrebenswert ist.

Selbst dort, wo Gott, die Liebe, auf beharrliche Verweigerung stoßen sollte (aber kann jemand, der die Liebe kennen gelernt hat, sich verweigern?) – selbst dort lässt der Auferstandene uns wider alle Hoffnung immer noch hoffen, dass die Barmherzigkeit des Vaters jeden Widerstand besiegen kann.

Da das Wort, das im Anfang beim Vater war, unseren Leib angenommen hat und wieder bei Gott ist, wagen wir zu hoffen, dass wir alle eines Tages mit unserem Leib bei Gott sein werden, in seinem Licht, in seinem Leben.

Doch all das geschieht auf einem ganz bestimmten Weg: Es führt über das Geschenk unseres Leibes, geschenkt aus Liebe.

Inhaltsverzeichnis

Werke von CARLO MARTINI im Verlag Neue Stadt

WELCHE SCHÖNHEIT RETTET DIE WELT?
Reflexionen über den dreifaltigen Gott
88 Seiten, gebunden, ISBN 3-87996-509-9

DEN WEG ZUM VATER FINDEN
Gott-Vater in einer vaterlosen Gesellschaft
96 Seiten, gebunden, ISBN 3-87996-393-2

SPUREN DES HEILIGEN GEISTES
Beobachtungen und Anstöße
96 Seiten, gebunden, ISBN 3-87996-385-1

DIE KIRCHE
Anregungen zu einem tieferen Verständnis
80 Seiten, gebunden, ISBN 3-87996-326-6

DIE SAKRAMENTE
Anregungen fürs Leben
96 Seiten, gebunden, ISBN 3-87996-339-8

DU, HERR, WILLST UNS DIE FÜSSE WASCHEN?
Meditationsgedanken zum Evangelium der Fußwaschung
80 Seiten, gebunden, ISBN 3-87996-378-9

VERLAG NEUE STADT MÜNCHEN · ZÜRICH · WIEN

Werke von CARLO MARTINI im Verlag Neue Stadt

WELCHE SCHÖNHEIT RETTET DIE WELT?
Reflexionen über den dreifaltigen Gott
88 Seiten, gebunden, ISBN 3-87996-509-9

DEN WEG ZUM VATER FINDEN
Gott-Vater in einer vaterlosen Gesellschaft
96 Seiten, gebunden, ISBN 3-87996-393-2

SPUREN DES HEILIGEN GEISTES
Beobachtungen und Anstöße
96 Seiten, gebunden, ISBN 3-87996-385-1

DIE KIRCHE
Anregungen zu einem tieferen Verständnis
80 Seiten, gebunden, ISBN 3-87996-326-6

DIE SAKRAMENTE
Anregungen fürs Leben
96 Seiten, gebunden, ISBN 3-87996-339-8

DU, HERR, WILLST UNS DIE FÜSSE WASCHEN?
Meditationsgedanken zum Evangelium der Fußwaschung
80 Seiten, gebunden, ISBN 3-87996-378-9